Histoire d

sous la d

XVIe SIECLE

1460-1610

par

Marie-Luce DEMONET-LAUNAY
Agrégée des Lettres modernes
Assistante à l'Université d'Aix/Marseille I

BORDAS

Illustration couverture :
Signature de Joachim du Bellay.
Bibliothèque Nationale, Paris.
Photo Ivac © Archives Photeb.

ISBN 2-04-18140-7.

Sommaire

CADRE HISTORIQUE

Les emportements du siècle

Le XVIe siècle est un beau désordre. Et pour cette raison, on le pratique peu. L'immense production latine désormais inaccessible à bien des lecteurs, l'austérité des débats sur la religion ou la ténuité des « questions subtiles » dépassent nos horizons familiers. On se rappelle pourtant la rose de Ronsard, la verdeur de Rabelais, ou le regard ferme et velouté du roi François. Période turbulente où l'épaisseur du drame côtoie le charme du factice, mais aussi ensemble de moments uniques où toutes les possibilités ont été promises. On y trouvera autant de tyrannie dans les lettres que dans la société, mais aussi autant de risques et d'inventions.

Croissance et guerres extérieures (1470-1559)

La guerre de Cent Ans terminée et Charles le Téméraire disparu (1477), la politique de Louis XI en matière d'annexions royales et les nouveaux espoirs qui animent l'Europe annoncent une période de prospérité relative. En 1490, le niveau des années 1300 sera retrouvé. Grâce à une démographie favorable, la France, pays le plus peuplé d'Europe (15 à 18 millions d'habitants), voit sa production augmenter. Les guerres n'affectent pas l'intégrité territoriale et concentrent l'énergie belliqueuse des Grands vers l'extérieur, une Italie enviée pour sa richesse en hommes et en arts, et faible politiquement. Charles VIII, Louis XII et François Ier occuperont l'un après l'autre le Milanais, tenteront des actions en Lombardie, à Gênes et à Naples sans qu'aucun succès ne soit jamais décisif. On sait que le désastre de Pavie (1525) répond à la brillante victoire de Marignan : les renversements perpétuels d'alliance entre le pape, l'empereur, les rois de France et d'Angleterre, le sultan, et les États italiens versatiles, donnent à ces conflits une couleur d'héroïsme gratuit et brillant, longtemps regretté par la suite. Ce sont les dernières guerres de conquête, même si Henri II continue à opérer contre l'Espagne : en 1559 (paix du Cateau-Cambrésis), la France ne s'est guère accrue que de Calais et des « Trois-Évêchés » (Metz, Toul, Verdun).

Les rêves de gloire des premiers rois s'accompagnent d'une rêverie générale sur la « concorde universelle » soutenue par les humanistes français et les admirateurs d'Érasme, à l'opposé du pragmatisme de Machiavel. La « concorde » se confond souvent, chez Charles Quint ou François Ier, avec la tentation de « monarchie universelle » où le désir d'unité s'appuie sur l'adhésion forcée. Le prétexte religieux existe toujours, car il s'agit de construire une chrétienté unie contre le péril ottoman. Mais ce schéma est progressivement remplacé par la conscience d'une Europe aux intérêts divisés, surtout quand elle ne pourra plus prétendre à l'unité religieuse. En France, les désirs impérialistes se fondent sur le très commode « mythe troyen », répandu par Lemaire de Belges, utilisant des sources apocryphes, et tenace jusqu'au milieu du siècle avec *la Franciade* de Ronsard : le fondateur de la Gaule est un Troyen, au-delà duquel on remonte jusqu'à Noé et au partage initial des terres. Le mythe fournit opportunément au roi un droit d'aînesse bibliquement attesté.

Tous les espoirs sont permis à une époque où l'aisance s'installe, même dans les campagnes. De nouvelles emblavures gagnées sur la forêt, l'extension des vignobles augmentent les profits bien que la technique agricole n'ait guère progressé. Les rares disettes, le climat chaud et sec, laissent des bénéfices raisonnables malgré les rendements faibles des céréales (1 pour 4 en moyenne). Le pouvoir d'achat augmentant, l'artisanat et des industries nouvelles comme le lin et le chanvre (le « pantagruélion » de Rabelais, *Tiers Livre*) se développent en même temps que le goût du luxe se répand. L'industrie de la soie commence à Tours (1470) et à Lyon (1536) pour satisfaire à une demande bourgeoise et urbaine grandissante. Les forges nécessaires à l'artillerie se multiplient et la première manufacture d'arquebuses est installée à Saint-Étienne (1516). Comme le butin d'Italie finance les dépenses guerrières, le roturier ne supporte pas tout de suite les frais militaires. Mais la pression fiscale augmentera régulièrement sous François Ier et la taille moyenne triplera de 1515 à 1559. Les taxes sont diversifiées et une meilleure organisation financière et administrative permet de recouvrer les impôts malgré les « irrégularités » de certains commis (exécution de Semblançay). Le roi trouve de l'argent en vendant charges et offices, au risque d'avoir ensuite à en payer les gages. La « rente de l'hôtel de ville » est un premier système d'épargne qui attire aussi les capitaux. Partout en Europe, le capitalisme se développe avec la pratique du crédit et le prêt, encore à des taux usuraires, se généralise. La dissociation entre la propriété des moyens de production et le travail s'effectue progressivement. Des cartels font monter les prix pendant que l'inflation s'installe, et la production massive de métaux précieux, augmentée des effets négatifs de l'or américain à partir de 1550, accélère le processus.

Pendant ces années fastes, la puissance royale s'affermit et tend à se confondre avec l'État. La lutte contre les Grands continue après Louis XI et la moindre faiblesse monarchique les verra aux portes des palais. Machiavel admire ce pays où « le roi est obéi », notamment grâce aux réformes administratives, à l'organisation des postes et à l'intervention des commis, fonctionnaires temporaires mais efficaces. Le roi doit asseoir son autorité en diminuant celle des autres : les grands féodaux sont concurrencés dans les conseils par des clercs ou des bourgeois ; les États généraux ne sont pas convoqués entre 1484 et 1560 ; les parlements (et surtout le Parlement de Paris qui entend partager le pouvoir avec le roi) doivent lutter contre les ordonnances royales avec leurs « remontrances » ; les gouverneurs des provinces, souvent enclins à l'autarcie, voient leurs prérogatives diminuer. Mais c'est surtout le clergé qui doit entrer dans la politique monarchiste depuis le Concordat de Bologne (1516) par lequel le roi de France a le droit de « contrôler » les nominations des évêques et abbés. En fait, il distribue prébendes et abbayes à son gré, sans que les titulaires soient obligés de résider (*cf.* Ronsard, Rabelais). Quant à la traditionnelle critique des « abus de l'Église », qui devient de plus en plus fréquente à mesure que souffle l'esprit de la Réforme, elle accompagne souvent les opinions gallicanes (Rabelais).

Déjà aimés de Louis XII, les arts trouvent chez François Ier un véritable encouragement car ils servent aussi à illustrer sa cour et lui-même. Les 15 000 personnes que draine le roi se déplacent dans des châteaux construits pour leur usage, et des maîtres italiens prestigieux (Léonard, Le Rosso) sont attirés. Cultivé et entouré de poètes, François Ier est plus brillant qu'Henri II dont le règne est austère et la cour relativement malveillante envers la poésie et les manifestations de l'esprit.

Les menaces ne manquent pas à ce demi-siècle de stabilité : dès 1540 les signes avant-coureurs d'une crise se font sentir : la paupérisation augmente, car le pouvoir d'achat va baisser des deux-tiers. La « rebeyne » de Lyon, révolte urbaine à la suite d'une disette, le grand « tric » des imprimeurs (*cf.* p. 43), des rébellions paysannes sporadiques, rappellent que le sort des plus pauvres n'est guère enviable et que les corporations veulent jouir de la prospérité. La répression impitoyable en Guyenne, dirigée par Montmorency et encensée par Ronsard (1548), montre que les « gabeleurs », bourgeois ou paysans, ne peuvent pas se révolter impunément contre le maître.

Les querelles religieuses évoluent aussi vers le conflit. Après l'excommunication de Luther (1525), les partisans d'une réforme modérée de l'Église savent qu'il sera de plus en plus difficile de se faire entendre. L'intériorisation et la simplification demandées auront pour résultat le bûcher de Louis de Berquin (1529), traducteur d'Érasme et de Luther. Le roi protège pourtant les nouvelles idées, sous l'influence de sa sœur, jusqu'à l'affaire des Placards (1534) et ses autres accès répressifs (1538, 1544). L'hérésie est traquée de façon permanente par Henri II et ses édits intolérants (1552, 1559). La répression culmine avec l'exécution d'Anne du Bourg, magistrat ayant protesté contre la mise au ban des Réformés. Il est vrai que l'« hérésie » s'est rapidement répandue et organisée : depuis 1540, Calvin la dirige de Genève en formant des ministres. Des provinces entières (Languedoc, Quercy, Dauphiné) sont acquises à la Réforme et réclament des droits.

En 1557, une tentative de colonisation française dans la baie de Rio de Janeiro échoue : elle consacre la médiocrité des conquêtes maritimes françaises, car les voyages de Cartier (1534) n'avaient pas non plus donné d'élan à l'appropriation du Nouveau Monde. À Rio, les colons des deux confessions disputaient de la Cène sur leur rocher isolé, face aux « Cannibales », en attendant que les Portugais les délogent à coups de canon.

Le « théâtre tragique de l'humaine fortune » : récession et guerres civiles

François Ier avait laissé en mourant une dette énorme, et Henri II la banqueroute. Le coût des dernières campagnes a été considérable ; les rentes de l'État sont irrégulièrement payées et les emprunts forcés saignent les villes. L'inflation provoque une baisse relative du revenu des terres nobles : les branches cadettes des familles (comme celle de du Bellay) doivent recourir à la faveur royale et courtiser. L'agriculture, dont la productivité n'a pu suivre une démographie optimiste, ne fournit plus assez de subsistances. Le refroidissement climatique, les mauvaises récoltes successives, la présence continuelle de soldats sur les terres pendant les troubles, amènent de sérieuses famines aggravées par les épidémies. Les salaires sont restés fixes et même le clergé, sollicité pour payer la lutte contre l'hérésie, voit ses revenus diminuer.

Ces catastrophes continues se déroulent sur fond de guerre permanente. Même si l'on dénombre huit guerres de religion (*cf.* Chronologie, p. 205), il n'y a jamais eu vraiment de paix entre 1562 et 1598. Avec la prise d'armes des protestants à la suite du massacre de Wassy (1562) commence une longue période d'anarchie grandissante. Les provinces réformées, profitant aussi de la minorité du jeune roi (1559-1574), constituent un véritable État dans le Midi, sous la direction de princes comme Condé, les Coligny et Henri de Navarre. Les Grands qui n'ont pas admis l'autorité royale tentent de s'en affranchir et les Guise, cousins du roi et oncles de la reine, de se l'approprier. L'habileté et les hésitations de Catherine de Médicis jouent dans le sens de la conciliation avant qu'elle ne devienne la « Jézabel » de la Saint-Barthélemy (1572). Pendant ce temps, la réflexion religieuse et politique tente de passer d'une concorde impossible depuis l'échec du Colloque de Poissy (1561) à la tolérance des cultes dans le « tiers parti » inspiré par le chancelier Michel de l'Hôpital. Les protestants rêvent de monarchie élective (Hotman) avant que le passage de la couronne à Henri de Navarre n'encourage le tyrannicide ; les défauts multiples d'Henri III (« superstition », « mignons », assassinats...) sont autant de justifications à l'insurrection, surtout du côté des Ligueurs qui passeront à l'acte. Plus encore que le siège de Paris (1589), c'est la loi salique et le sentiment national refusant la couronne à une infante espagnole qui sauvent le pays, rallié à Henri IV par la promesse d'abjuration et les sommes dépensées à l'achat des appuis.

La fin du siècle est plus paisible, même si la dernière province ligueuse (la Bretagne) ne se rend qu'en 1598. La même année, l'édit de Nantes est promulgué, avec les droits accordés aux huguenots, dont ces dangereuses places de sûreté qui laisseront aux catholiques ultras un goût d'« État protestant ». Le redressement économique spectaculaire opéré par Sully amène la bienveillance populaire, mais les Grands recommencent à comploter (exécution de Biron, 1602).

Le premier gagnant de cette « monstrueuse guerre » (Montaigne) est l'absolutisme. Malgré les louvoiements, la personne royale est plus forte que jamais, et Henri IV ne se presse pas de convoquer les États généraux. Les révoltes paysannes et corporatistes ont continué à s'échelonner et à se faire écraser (croquants du Périgord en 1561, et le symbolique Carnaval de Romans en 1580). En revanche la bourgeoisie urbaine, les détenteurs d'offices, et la nouvelle bourgeoisie rurale qui a racheté les terres des paysans endettés et les fiefs des nobles ruinés se trouvent en pleine ascension sociale : la famille de Montaigne est un exemple de cette noblesse récente, beaucoup plus fidèle au roi que l'ancienne et décidée à le servir.

La misère conjuguée à la grande peur des temps fait croître une épidémie de sorcellerie qui affecte toute l'Europe (1560-1630). Le système pénal est de plus en plus rigoureux : la question généralisée et les condamnations à mort ont un caractère exemplaire. La sorcellerie est particulièrement enracinée dans les provinces marginales et les montagnes, là où l'autorité royale se fait mal reconnaître. La sévérité maximale est enregistrée au moment de l'apaisement, quand Henri IV est au pouvoir. Même si les catholiques détiennent la palme de la répression, les États protestants et Genève, ainsi que les synodes français, travaillent activement à extirper le mal par le feu. La guerre est finie, mais le règne de Satan continue.

BIBLIOGRAPHIE

ATKINSON G., *les Nouveaux Horizons de la Renaissance française,* Genève, 1935, réimpr. Slatkine, 1969.

BENNASSAR B. et JACQUART J., *le XVIe siècle,* A. Colin, coll. U, 1972.

BROC N., *la Géographie de la Renaissance (1420-1630),* Bibliothèque Nationale, 1980.

CHAUNU P., *Église, Culture et Société. Essais sur Réforme et Contre-Réforme (1517-1620),* SEDES, 1981.

DELUMEAU J., *Naissance et Affirmation de la Réforme,* P.U.F., 1968.

MIQUEL P., *les Guerres de Religion,* Fayard, 1980.

TERREAUX L., *Culture et Pouvoir à l'époque de l'humanisme et de la Renaissance,* Slatkine et Champion, 1978.

DAVIS Z. N., *les Cultures du peuple. Rituels, Savoir et Résistances au XVIe siècle,* Aubier-Montaigne, 1979.

CADRE INTELLECTUEL

Les renaissances plurielles

Une intense période de création littéraire (1540-1560) suit la mise en place des nouveaux cadres intellectuels du « beau XVIe siècle » (1480-1540) ; mais ensuite, les troubles politiques et religieux prennent une importance et une gravité telles que le climat mental en est affecté : une atmosphère de crise s'installe, accompagnée de diverses radicalisations.

L'âge des hiéroglyphes (1480-1560)

Le sentiment de renouveau, qui semble démarquer les premiers humanistes de leurs prédécesseurs, ne doit pas faire illusion : le terme de « Renaissance », tout comme celui d'« humaniste » d'ailleurs, recouvre plus un désir qu'une réalité. La cible favorite, la « scolastique » des XIVe et XVe siècles, est surtout une anti-valeur définitoire, et à bien des égards, les humanistes sont les continuateurs d'un Moyen Âge décrié. La nouveauté résiderait plutôt dans une attitude modifiée par rapport à la « chose littéraire », et aux relations que celle-ci entretient avec le monde.

Signe, ressemblance, analogie

À la fin du Moyen Âge, il existe un système de pensée, une *épistémè,* qui conçoit le monde comme un texte à lire et comme un ensemble ordonné de signes à déchiffrer. Il connaît son âge d'or dans la période de syncrétisme qui, en France, se situerait autour des années 1520-1540.

L'ère médiévale lègue au moins deux méthodes que la période humaniste va s'efforcer de refondre et de moduler : tout d'abord une tradition interprétative fondamentale, à « étages », le principe des « quatre sens de l'Écriture » (littéral ou historique, allégorique ou intellectuel, tropologique ou moral, anagogique ou prophétique), qui était déjà une refonte de l'interprétation judaïque. D'autre part, la religion chrétienne a pu assimiler des restes de paganisme pour entretenir une conception magique fondée sur les correspondances entre les différentes parties du monde physique et mental ; les puissances psychiques sont portées par les noms des choses, et l'univers et l'homme sont des textes déchiffrables comme l'Écriture.

Il va de soi que le rejet des humanistes ne s'adresse pas à ce legs dont ils vont tirer parti, mais à ce qui lui sert de cadre, la perspective logique et spéculative. La « grammaire spéculative » est à l'opposé de la stylistique humaniste, d'autant plus qu'elle travaille sur un objet aride, la théologie. La polémique poursuivie par Rabelais contre les « Sorbonnards », « théologastres », « sophistes » a sa raison d'être et rejoint l'impression ressentie par Guillaume Budé de sortir des ténèbres « gothiques ».

La critique concerne donc une méthode, une logique qui dégénère en jeux de sophistes ; un objet d'étude falsifié et inauthentique ; une institution qui s'arroge la vérité, la Sorbonne. L'humanisme proposera de son côté des options diversement combinées selon les individus : une théologie qui sera plus affaire de foi, de morale, que de raisonnements ; un texte sacré vérifié et élucidé ; une popularisation de la religion devenue affaire de tous et relation personnelle à Dieu. Écarter la méthode spéculative est aussi prendre conscience du danger contenu dans le rationalisme aristotélicien qui, surtout dans ses commentaires arabes, pouvait conduire à une curiosité causaliste préjudiciable à la croyance aux miracles. Certes, la forme française de la scolastique était figée : Paris ne possédait pas le brillant des universités italiennes qui, depuis plus d'un siècle déjà, mêlaient études des lettres, théologie et sciences. La scolastique, dominée par le nominalisme, est la formation universitaire que Rabelais et Lefèvre d'Étaples ont reçue : mais en réalité, on connaît mal ce qui leur était enseigné. Tout laisse à penser que les « Sorbonicoles » n'étaient pas de mauvais logiciens et que leur obscurantisme avait l'argument de la cohérence. Dans la controverse entre Noël Béda (syndic de la Sorbonne) et Érasme, le premier n'apparaît pas si borné ; mais pour les tenants de la rénovation, l'amalgame entre la rigueur logique et le rigorisme religieux était inévitable.

Scolastiques et humanistes ne s'opposent pas fondamentalement par leur mentalité mais par leurs objectifs, dont la divergence s'exprime avec clarté à propos de l'enseignement des langues destiné à renouveler l'exégèse. La Sorbonne interdit autant qu'elle le peut un collège des « trois langues » qui rivaliserait en France avec ceux qui existaient déjà à Louvain et à Alcalá de Henares : de 1517 à 1530, François Ier hésite à créer une institution où le grec et l'hébreu, officiellement enseignés, serviraient d'armes à ceux qui veulent une réforme de l'Église. En effet, l'enjeu est de taille : si la *Vulgate* est révisée à l'aide de différents manuscrits grecs et aussi par le recours au texte hébreu de l'Ancien Testament, les interprétations divergentes risquent de se déployer et de provoquer le schisme. La traduction en langue vulgaire pose d'autres problèmes : même en mettant de côté celui de la version de base, il reste celui du droit du peuple à lire l'Écriture. La Faculté et le clergé perdraient le monopole de l'accès direct aux sources sacrées, et les ignorants (femmes, enfants, gens « mécaniques ») pourraient dire leur mot en matière de religion. C'est pourquoi les interdictions pleuvent sur l'enseignement du grec et sur les traducteurs de l'Écriture en langue vulgaire : Jacques Lefèvre d'Étaples est condamné en 1524 et toute entreprise de ce genre sera suspecte encore longtemps. Marot sera inquiété pour sa traduction des *Psaumes*.

Les humanistes sont aussi connus pour leur âpre critique de la glose. Il ne semble pas qu'elle s'étende au principe lui-même. Chez Rabelais, la glose juridique est surtout visée, parce qu'elle obscurcit les *Pandectes* de Justinien. Elle s'est constituée sur le modèle de la glose patristique et médiévale ; dogmes et sacrements sont en fait issus de commentaires faits par les Pères, puis plus tard par les théologiens. Ce point est capital car il sera l'un des arguments de Calvin : la transsubstantiation n'est pas inscrite dans le texte de l'Écriture, qui dit seulement *Hoc est corpus meum* (« ceci est mon corps ») ; le dogme de la présence réelle est une glose contraire à la lettre du texte (*Institution de la religion chrétienne,* chap. 12). La suppression ou la remise en cause de ces gloses marginales ou interlinéaires qui effectivement se greffent les unes sur les autres, ébranle les fondements mêmes de la religion.

Pour la glose juridique, elle vise les principes de fonctionnement du droit. Mais ce n'est pas le procédé du commentaire qui est critiqué puisque les humanistes, issus pour beaucoup des milieux des chancelleries qui recrutaient d'abord des clercs, étaient formés à ce type d'exercice. La revendication s'oriente plutôt vers la reconnaissance du droit à une glose nouvelle, qui s'appellera plus volontiers *interpretatio, annotatio,* ou commentaire, et du droit au tri dans la tradition patristique : retour à l'esprit des premiers Pères (Jérôme, Ambroise, Chrysostome) et élimination des scholies tardives.

Le développement des gloses et de la spéculation laisse le sentiment que l'on s'éloigne du sujet, de ce qu'on appelle à l'époque la *res.* Toute la pédagogie italienne des XIVe et XVe siècles, dont les idées pénètrent lentement et tardivement en France, a pour but de réhabiliter la *res* étouffée sous les mots *(verba).* Mais ce terme de *res* est assez confus car il renvoie soit aux référents réels, soit aux signifiés. Les humanistes qui réclament le retour aux « choses » peuvent donc, selon le cas, s'engager dans deux voies assez différentes : dans le premier cas, il s'agit d'un réalisme au sens platonicien, qui désire convoquer la réalité en utilisant les mots (on peut dire que cette tendance est majoritaire au début du siècle et qu'elle se continue ensuite dans le courant occultiste et hermétiste) ; dans le second cas, on assiste à une évolution à partir du nominalisme médiéval vers un conceptualisme qui se développe au milieu du siècle. Ces deux façons d'envisager la nature du signe linguistique sont indispensables à la compréhension d'un phénomène essentiel pour la littérature, l'élaboration d'un signe intermédiaire entre la chose représentée et le texte, à savoir l'*image.* Déjà chez Aristote, on a une description d'une sorte d'« image mentale » destinée à mémoriser les idées ; chez Thomas d'Aquin aussi, on trouve une construction de « symboles corporels » qui servent à visualiser les abstractions. La tradition antique et médiévale lègue donc l'idée qu'il existe dans l'esprit des images dont la fonction varie entre une simple forme-concept et une véritable image de mémoire construite à partir de lieux communs. Si l'on pense que ces images viennent de la réalité, on se place dans une perspective réaliste, voire magique. Autrement, l'image vient de l'esprit humain qui projette sur l'univers des formes à sa mesure. C'est pourquoi tout ce qui, en littérature et particulièrement en poésie, prétend reproduire, *peindre* la Nature, doit être compris en référence à ce double système de perception de la réalité : cette perception évolue considérablement au cours du XVIe siècle. L'image sera progressivement annexée par la rhétorique, et changera de nom : devenue *figure*, elle perdra son aspect conceptuel pour jouer uniquement son rôle dans le registre du style exceptionnel. La première phase de ce travail sera réalisée par les humanistes qui tenteront de remplacer le raisonnement syllogistique par une dialectique des images qui pouvait s'accorder avec l'intuition d'un savoir direct (tendance réaliste). Mais surtout, elle a précipité la dissociation entre ce qui est de l'ordre du raisonnement et ce qui appartient au symbolique. Pour un Calvin par exemple, la rhétorique des images est un art de persuader qui n'a cependant rien de commun avec la « lecture » symbolique du monde.

De la conception du signe dépend aussi une autre activité humaniste, la traduction. Il semble que ce soit Ramus qui le premier ait senti la nécessité d'une analyse syntaxique cohérente du texte d'origine pour le transposer dans un nouveau système. Encore fallait-il que la langue vulgaire fût sentie comme système, ce qui ne semble pas se produire avant le milieu du siècle.

Dans le cas litigieux de la traduction scripturaire, une séparation entre la traduction littérale et l'interprétation-paraphrase se fera progressivement. En même temps, les « quatre sens » se résorbent en une seule dichotomie qui alimente les controverses : celle de la « lettre » et de l'« esprit » que l'on retrouve sous diverses formes imagées (l'« écorce » et la « moelle » dans le Prologue de *Gargantua* par exemple) et qui prétendent suivre la voie plus simple indiquée par Paul. Apparemment plus simple, car le sens spirituel est vaste et autorise tous les transferts. Le Prologue de *Gargantua* propose un « plus haut sens », certes, mais il ouvre aussi — en s'en moquant — une infinité de sens : l'exégèse n'en est toujours pas terminée...

Les humanistes suivent encore un enthousiasme de l'humanisme médiéval quand, dans leur désir de continuer le déchiffrement du monde, ils pratiquent une activité encyclopédique généralisée. La hiérarchie des sciences change cependant : le système médiéval, bien représenté dans l'organisation des études, subordonne à la théologie arts du *trivium* (qui comprend grammaire, rhétorique et logique) et arts du *quadrivium* (arithmétique, géométrie, astronomie et musique). Les belles-lettres n'en font partie que de biais, par la rhétorique. La ferveur humaniste pour les lettres tendra au contraire à faire de celles-ci une « méta-science » dans la mesure où elles deviennent le support de toute science. La révérence envers les textes anciens les impose comme vecteurs de la vérité, entrant en concurrence avec la Bible. La science du monde se laïcise, car elle prend appui sur des textes laïcs, même si les tentatives syncrétistes — philosophiques et religieuses — supposent une correspondance avec la vérité théologique. En admettant qu'il soit impossible de diviniser ces nouveaux textes de base, les termes par lesquels est évoqué le plaisir de la connaissance sont bien proches de la jouissance de Dieu, comme cette « béatitude » décrite par Guillaume Budé et plus tard par Jules-César Scaliger (1561).

Le mot « encyclopédie » est créé précisément par Budé en 1508 : le modèle imaginaire de l'organisation des sciences est donc encore le cosmos, conçu comme une imbrication de sphères concentriques. Mais on peut se demander si ce modèle n'est pas seulement une image de mémoire commode en tant que repère. Dès le début du XVIe siècle, on voit paraître l'idéologie concurrente de la « variété » : la recherche des analogies et des correspondances est telle qu'on peut en trouver à tous les niveaux. Même si le cadre circulaire est maintenu, les frontières deviennent plus floues et mobiles. Témoins en sont les nouveaux territoires découverts : loin de provoquer de grands bouleversements idéologiques, ils ne font que confirmer la réalité d'un univers varié et d'une Nature recelant encore maintes merveilles cachées.

Les dieux, emblèmes de l'homme

Le mot « humanisme » contient, dans ses multiples connotations, une certaine grande idée de l'homme. Or l'anthropocentrisme médiéval est un fait bien connu et correspond à une tradition patristique et judaïque avérée. Le monde et la Nature sont faits pour l'homme, qui occupe une place matérielle et symbolique privilégiée : au centre d'un univers conçu proportionnellement à lui. Cette conception se prolonge encore assez avant dans le XVIe siècle, dans le *Microcosme* de Maurice Scève (1562) où la dignité de l'homme est affirmée grâce à des « lieux communs » très anciens : celui de l'homme-arbre renversé où l'homme représente la structure de la Nature, remise dans le bon sens ; celui du seul animal ayant les yeux tournés vers le ciel, et dont Montaigne se moquera plus tard ; *topos* enfin, de l'homme-microcosme, déjà présent dans la patristique, mais seulement au sens spirituel.

L'utilisation de la mythologie en littérature vient elle aussi d'une pratique médiévale transférée de l'allégorèse aux belles-lettres. Les stoïciens avaient déjà donné une interprétation allégorique des mythes, ce qui permettait de les comprendre en dehors de leur sens religieux. En outre, la connaissance de la mythologie antique est assez bonne au Moyen Âge. Les premiers livres imprimés de 1470 à 1515 montrent qu'elle est rapidement vulgarisée, ne serait-ce que grâce à Boccace *(Généalogie des dieux)*. La mythologie fonctionne depuis longtemps comme une transposition, un signe d'autre chose : on remarque le même procédé de condensation que dans la constitution des images de mémoire, lesquelles utilisent souvent les dieux comme représentations des concepts ou des choses intelligibles.

Cette méthode se combine avec le phénomène de « moralisation » qui atteint certains textes de l'Antiquité, et particulièrement les *Métamorphoses*. Dans l'*Ovide moralisé* (XIVe siècle), un principe d'équivalence psychique est donné pour chaque dieu (la Mémoire pour Junon par exemple). Ce procédé est compatible avec l'allégorie romanesque du *Roman de la Rose,* encore très utilisé en ce sens au XVIe siècle. D'abord vecteurs d'une idée morale (Vertu, Prudence, etc.), les dieux vont être capables de porter des Idées appliquées conventionnellement à telle ou telle figure mythologique. Dans son travail de restitution, la Renaissance redonnera aux dieux l'aspect qu'ils avaient dans l'Antiquité, annulant ainsi les notables transformations que l'assimilation entre dieux et planètes — apportée par l'astrologie arabe — leur avait imposées dans cette grande traversée des siècles. Débarrassés de leurs attributs orientaux (Hercule récupère, avec Albert Dürer, une massue qui s'était transformée en cimeterre), mais aussi surchargés de nouveaux sens découverts dans les textes, les dieux de l'Antiquité prennent avec les humanistes une figuration plus marquée et aussi une polysémie plus réelle ; des correspondances vont s'établir entre les différents systèmes mythologiques de la Grèce, de Rome et de l'Orient, chargeant chaque figure de multiples connotations. La nouvelle mythographie prend forme avec le *Dictionnaire* de Robert Estienne (1541), le *De Officina* (1532) de Ravisius Textor, et surtout les *Hieroglyphica* d'Horapollon (publiés pour la première fois à Venise en 1505).

Avec ceux-ci, il faut envisager le fonctionnement emblématique des éléments des mythes (mythèmes) : Horapollon (Alexandrin du Vᵉ siècle ?) propose une interprétation des figures hiéroglyphiques, non comme une langue mais comme des signes sacrés, en s'inspirant de Platon, Plutarque et Apulée. Le hiéroglyphe fonctionne alors comme un rébus de fragments de mythes, mis en images. Le premier aspect est donc le découpage en mythèmes, renvoyant chacun à un sens symbolique, souvent par contiguïté métonymique. La « roue » traditionnelle attribuée à la figure de la Fortune ou la « faux » donnée au Temps et à Saturne témoignent de ce déplacement du sens, de l'allégorie centrale vers le composant secondaire. Le deuxième aspect est la re-combinaison, spécifique au XVIᵉ siècle, de ces fragments dans l'emblématique. C'est en Italie avec Alciat (1531) que se forme cette « science » déjà amorcée par Alberti et Francesco Colonna au XVᵉ siècle. Alciat fond Horapollon, Martial, des morceaux de l'*Anthologie grecque,* et suscite d'autres refontes augmentées de commentaires puisés dans... la mythologie.

Les fragments de mythes visualisés sont porteurs d'une vérité morale que l'on peut lire comme une histoire, si ce n'est que la liberté d'interprétation des emblèmes est relative : les représentations plastiques n'offrent pas beaucoup de possibilités de sens, accompagnées comme elles le sont d'une devise qui le dirige. En revanche, les transpositions littéraires sont beaucoup plus souples, car prises dans un réseau textuel : au *Tiers Livre,* Panurge répond à l'interprétation du mot « corne » = « cocuage », qui est celle de Pantagruel, par une brillante utilisation de la mythologie emblématique : les cornes sont aussi l'apanage de Diane, de Jupiter Amon, du Satyre lubrique ; cornes d'abondance qui portent l'abondance de sens. Sophisme ? On peut penser au contraire que Rabelais, comme beaucoup de ses contemporains, avait conscience de la fragilité de l'« évidence » dans l'interprétation des emblèmes.

Dans les textes littéraires, le fonctionnement des emblèmes-mythes peut s'effectuer par antonomase, comme Guillaume Budé le fait quand il dit qu'il faut « pratiquer Mercure » pour percevoir des analogies. Invoquer Mercure, c'est convoquer toute une tradition bien épaisse à son sujet : dieu des carrefours, de la communication, des voleurs, des marchands, de la médecine, de l'éloquence et des sciences occultes..., seul le contexte peut dire lequel, parmi tous ces attributs plus ou moins compatibles, est pertinent. De même, tel nom propre renvoie à tout un récit qui peut être diversement interprété : le personnage d'Ulysse, considéré au début du siècle plutôt comme le type du « traverseur des voies périlleuses », habile et savant, perd de sa faveur pour devenir le patron des rusés et des trop curieux. Il s'agit certes d'une méthode anti-scolastique, car elle défie tout système logique ou philosophique rigoureux, et elle a pu avoir bien des attraits pour les esprits fatigués par la querelle sur les Universaux. Mais on n'y gagne guère en clarté. Peu importe s'il s'agit de poésie ; en revanche, la prose « sérieuse » qui offre des mythes à la place des idées pour faire appel à l'imagination, risque de se perdre dans des digressions (Guillaume Budé).

L'omniprésence des dieux dans les textes de la Renaissance est aussi expliquée par la fascination exercée sur cette époque par les prestiges de la puissance. Chaque dieu, parce qu'il est dieu, est la métaphore d'un pouvoir suprême. Dans une perspective « réaliste », les noms de dieux signifient la puissance des entités qui pourraient concurrencer le Dieu chrétien : démons, astres et destin. Chez beaucoup d'auteurs, on remarque une position très ambiguë : par providentialisme, l'indépendance des hommes à l'égard des influences astrales est proclamée bien haut, mais il arrive que les mêmes admettent leur soumission à leur « astre » (à Saturne, chez Marsile Ficin et Ronsard).

Les dieux sont aussi les allégories favorites du pouvoir politique. D'un souverain « de droit divin », on passe insensiblement au monarque « divin ». La mode vient encore d'Italie, à la fin du XVe siècle, où l'on voit se multiplier les tombeaux des princes divinisés. Les fêtes, les entrées royales, souvent organisées par des humanistes experts en mythologie, consacrent aux yeux du peuple ce mariage de l'Olympe et de la dynastie. Cet état d'esprit gagnera la France vers le milieu du siècle. Contrairement aux processions médiévales où le roi participait en tant que premier fidèle, les fêtes renaissantes proposeront une véritable mise en scène de la royauté mythique. Le roi montre qu'il est l'élu de Dieu. Le poète Maurice Scève organise ainsi l'entrée de Henri II à Lyon en 1548.

Enfin, les dieux de la Renaissance héritent d'un autre visage de la tradition allégorique médiévale : ils représentent moins les vertus cette fois que les passions, et particulièrement la passion amoureuse. Du fait de leur caractéristique divine, ils l'expriment à un degré supérieur et possèdent d'emblée une fonction hyperbolique. Vénus, Cupidon et Diane correspondent au développement, dans les années 1540-1550, d'une rhétorique de l'excès, avec le danger de dégénérescence lié à ce type d'emploi, comme on le voit dans le courant néopétrarquiste de la postérité ronsardienne (*cf.* p. 79).

Les vérités du passé

La mise au point de textes nouveaux, la découverte de manuscrits et l'édition systématique de tous les textes antiques va entraîner une renaissance d'à peu près tous les courants idéologiques de l'Antiquité, souvent opposés entre eux : prolifération anarchique de doctrines que les écrivains de l'époque assimileront à leur manière.

Le *platonisme* « pur » est difficile à trouver dans la Renaissance française. La lecture directe des textes ne se fait qu'assez tard, en même temps que paraissent les traductions françaises (après 1550). Le plus proche de

Platon est sans doute Budé. La philosophie platonicienne est mieux connue dans ses avatars néoplatoniciens de l'Antiquité tardive, qui ont été lus pendant le Moyen Âge et régulièrement transmis. Le florentin Pic de la Mirandole, dont la philosophie réalise une synthèse assez complète de platonisme et d'aristotélisme mêlés de kabbale et d'astrologie, représente le type même de la première Renaissance pour la France (mais de la Renaissance finissante pour l'Italie). Marsile Ficin orientera davantage les humanistes français vers des thèmes transformés et métamorphosés plus tard par les poètes : le mythe de l'Un, qui englobe toutes les manifestations du multiple (compris comme désordre) ; la conception d'un univers vivant (réellement ? figurativement ?) et surtout la théorie de l'« enthousiasme » et de la « fureur », moment d'investissement total de l'Être par l'Amour, celui-ci étant le principe qui meut les êtres sur l'échelle du monde. La première diffusion du ficinisme s'effectue dans les milieux poétiques par le médecin lyonnais Symphorien Champier. Mais pour beaucoup d'auteurs de cette génération, Platon — revu par Plotin — fournit les thèmes, Aristote le cadre abstrait. Rien n'interdit non plus d'y ajouter d'autres matériaux comme l'hermétisme et le lullisme (*cf.* p. 26). En fait, loin d'apporter une fraîche manière d'envisager le monde et la science, le néoplatonisme français ne fait que retarder de cinquante ans, par rapport à l'Italie, le renouveau scientifique.

Le *néoaristotélisme* se développe grâce à ceux qui ont fait quelques études à Padoue, comme Étienne Dolet et Jules-César Scaliger. Les idées padouanes sur la dissociation entre raison et foi sont particulièrement importantes pour les matières religieuses et seront répandues en France aussi par l'intermédiaire de Vicomercato venu enseigner au Collège royal (1547-1567). Aristote est relu dans de nouvelles éditions, comme celles de Lefèvre d'Étaples, peu humaniste de ce point de vue ; un Aristote « populaire » se transmet à la faveur des traductions de certaines œuvres pratiques comme la *Politique,* la théorie littéraire et les sciences naturelles.

La hantise de l'hérésie marquait déjà de nombreux écrits médiévaux, continuant le travail patristique. À la

Renaissance, l'accusation d'hérésie devient commune, et souvent associée à celle d'impiété, d'épicurisme, d'athéisme. La Réforme luthérienne envenimera le vocabulaire. Mais sous les injures d'usage entre ennemis idéologiques, il faut bien reconnaître que les textes anciens largement diffusés fournissaient de multiples doctrines « hérétiques ». Certaines sont difficilement assimilables par le christianisme : par exemple, l'idée stoïcienne que l'immortalité de l'âme consiste essentiellement dans la mémoire du nom et dans la gloire, ou que l'âme individuelle n'existe pas sinon comme élément d'une totalité. Cette opinion fera brûler Dolet.

Le *scepticisme* en tant qu'école de pensée fait lentement son chemin. Au début du siècle, il apparaît surtout dans des textes qui présentent simultanément des opinions contradictoires sans que l'on puisse toujours déceler une dominante : témoin l'énigmatique *Cymbalum mundi* (1537) de Bonaventure Des Périers où aucun philosophe ne trouve de miettes de la pierre philosophale. Même pluralité de voix chez Rabelais, si l'on veut bien tenir compte de tous les points de vue énoncés sans privilégier la position de Pantagruel. La violente réaction de Calvin contre ces deux auteurs est symptomatique (*Traité des scandales,* 1550). Guillaume Budé voit aussi le danger contenu dans le scepticisme, responsable à son avis de la Réforme.

L'esprit chrétien

Mysticismes

L'influence de l'allemand Nicolas de Cues (XIVe siècle) sur le courant mystique français est sensible par la fréquence du thème de la « docte ignorance », de l'*idiota,* qui conduit le chrétien à une parfaite humilité devant son Créateur, relativise la bonne place de l'homme-microcosme et rend familière la coïncidence des contraires. Mais c'est surtout la diffusion des idées et des textes de Raymond Lulle, catalan du XIVe siècle, qui nourrit les esprits fervents du Moyen Âge finissant. Lulle envisage la relation entre l'homme et Dieu par une intuition mystique, et continue aussi le néoplatonisme médiéval en faisant de la Trinité les étapes de l'ascension de l'âme. Le thomiste catalan Raymond Sebond intègrera aussi beaucoup d'éléments lulliens.

En France, le lullisme est connu par Lefèvre d'Étaples qui subit en 1491 une crise mystique.

Lulle contribue aussi à la transition entre les images constituées en allégories, qui meublent l'imaginaire des XIVe et XVe siècles, et un symbolisme plus radical : en remplaçant les images par des lettres et en recherchant les différentes combinaisons possibles à partir de celles-ci. Il élabore une méthode de construction des syllogismes, où les lettres représentent des concepts ; grâce au carré des oppositions, à sa Table des raisonnements, à ses « roues » combinatoires, Lulle n'est pas étranger à un développement mathématico-logique ultérieur. Ces deux aspects seront reçus différemment : un Gerson, en 1393, a condamné ce prolongement du rationalisme théologique, mais le rejet de Gargantua dans le *Pantagruel* (chap. 8) s'adresse à l'aspect magico-mystique de cette œuvre polyvalente. Enfin, le premier Ramus n'est pas étranger à une mystique qui s'oriente vers une logique dépouillée.

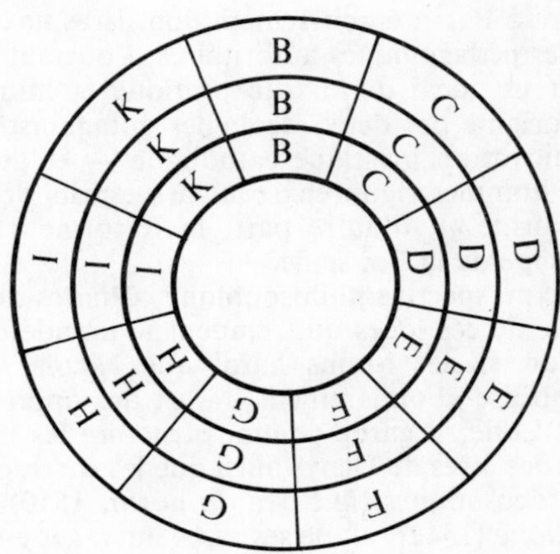

Une synthèse entre le christianisme et le néoplatonisme avait déjà été tentée vers le Ve-VIe siècle par le pseudo-Denys l'Aréopagite dont la vision à la fois hiérarchisée et unitaire du monde matériel et céleste présentait des possibilités syncrétistes. Les *Hiérarchies célestes* et les *Noms*

divins sont de petits traités très lus surtout dans la première moitié du siècle, car ils peuvent être amplifiés par le lullisme et la kabbale. Le pseudo-Denys sert de caution chrétienne à des assimilations plus ou moins orthodoxes.

Parallèlement à ces influences savantes se sont développés depuis le XIVe siècle des mouvements dévots dont le plus connu est celui de la *devotio moderna,* en Flandre, préconisant un réel ascétisme, une profonde orthodoxie et surtout une religion intérieure fondée sur l'humilité. Ses adeptes seront conduits à critiquer fermement les abus de l'Église et l'on reconnaît son esprit dans la célèbre *Nef des fous* de Sébastien Brant (1494) qui provoquera la rédaction d'autres « nefs » dénonciatrices et à caractère de réformation morale. Dans le nord de la France, ce sont les Frères de la Vie commune qui, à l'époque du premier humanisme, continuent cette recherche de l'austérité propre à l'Église primitive. Mais les rapports entre ce mouvement de réforme intérieure et l'humanisme sont nuancés : Jean Standonck, qui en fait partie, dirigera juste avant Noël Béda le Collège de Montaigu à Paris, établissement dont Érasme dénoncera les méthodes pédagogiques autoritaires. Pourtant les Frères soutiennent un idéal de charité pratique et immédiate et seront à l'origine des deux idéologies antagonistes : d'une part, la rénovation mystique catholique — et de ce point de vue ces hommes rigoureux sont des esprits de la « pré-Contre-Réforme » ; d'autre part, la Réforme protestante et son principe de la Foi seule.

Dans une perspective philosophique, Charles de Bovelles est l'héritier de ces idées qui remuent le monde des lettres au début du siècle. Moins hardi que Nicolas de Cues, même s'il utilise abondamment l'« art des opposés », peu touché par Lulle, il garde comme structure les hiérarchies et l'échelle des êtres de Denys ainsi que les correspondances macro-microcosmiques (*le Livre du néant,* 1510) ; sa *Géométrie pratique* (1542), un de ses rares ouvrages en français, unit le néopythagorisme, la mystique des nombres et la mesure très concrète de la Nature.

Le « cercle de Meaux », qui réunit Marguerite de Navarre, l'évêque Briçonnet et Lefèvre d'Étaples, maintiendra, de 1521 à 1524, des principes de religion intérieure et de pratique vivante des textes dans l'esprit de l'évangélisme érasmien. Souhaitant aussi une réforme de l'Église, ce groupe devra disparaître quand les conflits religieux évolueront en luttes politiques et que les premières répressions se feront sentir.

Le syncrétisme pagano-chrétien

L'admiration pour l'Antiquité devait naturellement produire une puissante tentative d'intégration des philosophies anciennes au christianisme. L'idée d'une étude indépendante, purement profane, des systèmes extérieurs à la Révélation ne se fait jour que peu à peu, tant la religion exerce une emprise contraignante sur tous les domaines du savoir. Une explication permet d'atténuer l'hétérogénéité des religions païennes au christianisme : on reconnaît l'existence d'une *prisca théologia* (théologie préchrétienne, archaïque) qui constituerait le fonds commun des religions antérieures au christianisme ; contemporaine de l'Ancien Testament, elle serait unie à lui par une « parenté » qui permet de jeter des ponts entre le judaïsme et les autres religions du Moyen-Orient (particulièrement les religions égyptienne et chaldéenne). Les Grecs étant supposés grands emprunteurs ou pilleurs de ces religions, on explique ainsi la proximité du platonisme et du christianisme : le premier est moins un précurseur du second qu'une philosophie qui s'abreuve aux mêmes sources.

Ces efforts sont d'autant plus justifiés qu'apparaît au début de la Renaissance un courant déjà syncrétiste, l'hermétisme. Les œuvres du pseudo-Hermès Trismégiste, qui passe pour Égyptien mais qui serait plutôt un Alexandrin du IIIe siècle, réalisent un mélange de philosophie grecque populaire où se trouvent platonisme, stoïcisme, aristotélisme et judaïsme. Elles offrent une sorte de tronc commun des religions méditerranéennes, mais en mosaïque ; de plus, leur style obscur favorise les interprétations allégoriques. Il sera aisé d'établir des correspondances plus ou moins approximatives entre Hermès et les connaissances alchimiques et magiques.

Tout ceci ne va pas sans résistances. Le danger de l'« hellénisme » qui, par métonymie, désigne chez Budé l'ensemble de la littérature profane, est plus marqué en

France qu'en Italie, qui avait assimilé ces éléments nouveaux depuis longtemps. Pour Budé, il faut que le chrétien opère un *transitus* essentiel, une véritable conversion de la matière profane en miel chrétien. Les lettres antiques ne doivent être qu'une propédeutique à un approfondissement spirituel. Elles peuvent aussi servir de modèles à une nouvelle écriture chrétienne. Chez Luther, la coupure est plus radicale : il est impossible d'approcher le sacré par la voie profane. Cependant, cette intolérance aux belles-lettres du point de vue réformé ne se fait sentir en France qu'après 1520-25, quand les thèses de Luther se sont répandues. Auparavant, les lecteurs de littérature antique partagent un enthousiasme réel pour la nouvelle culture et leur seul ennemi est la Sorbonne. Puis les lettrés poseront des garde-fous à l'appétit de savoir, cette tentation exacerbée par les sources multiples des textes antiques. La critique de la « curiosité » s'adressera aux déviations possibles de ce désir : soit à la recherche rationalisante qui pousse à affecter des causes à tout ; soit à la quête magique qui viole les secrets de Nature et de Dieu dans un irrationnel impie.

Après 1560 : le triomphe des singularités

De la diversité au désordre

L'unité paradoxale du multiple, qui faisait tenir ensemble les systèmes hétéroclites du début du siècle, tend à se défaire sous la pression de circonstances elles aussi diverses, c'est-à-dire de l'Histoire. Auparavant, l'idée d'une Fortune présidant aux destins humains était repoussée avec sérénité, grâce à la notion de Providence qui assurait la part de liberté humaine et de décision divine nécessaires à la tranquillité des âmes. Cinquante ans plus tard, la figure de la Fortune prend un relief remarquable : elle est moins celle que l'on méprise qu'un sort inéluctable. Elle règne par décrets. Ce phénomène est explicable par un sentiment assez général d'instabilité, notamment des situations et des métiers. Les nouvelles formes de valeur donnent l'impression que le monde est « renversé », lieu commun caractéristique de la fin du XVIe et du début du XVIIe siècles. En même temps que la réalité sociale, le monde cosmique semble bouger : c'est l'époque des prodiges et des monstres interprétés comme signes de ce dérangement des fortunes et du Temps. Le rôle des astres devient prépondérant, car les planètes sont à la fois les maîtresses d'un puissant déterminisme et les responsables de l'inconstance universelle. L'astrologie arabe, fataliste, semble avoir repris le pas sur l'astrologie souple des néoplatoniciens et le pessimisme qu'elle engendre est confirmé par les troubles politiques.

L'instabilité se manifeste aussi dans la parcellisation du monde. La diversité n'est plus perçue comme l'agrément d'un principe de variété, même si des poètes comme Ronsard en font toujours l'éloge. La description du monde par les cosmographes qui tentent de rendre compte des nouveautés géographiques fait une large part à la notion de *singularité.* Celle-ci, que l'on trouvait déjà chez Lemaire de Belges, passe de la singularité-exception par la grandeur, à la singularité-rareté par une différence proche de la monstruosité. Il y a, dans ces récits fragmentés où le voyage opère difficilement une restructuration d'ensemble (André Thévet, *Singularités de la France antarctique,* 1557), comme un renoncement à l'ordre et l'acceptation d'un principe de cumul qui mime plus ou moins la dislocation du monde en parties hétérogènes et autonomes. La description tourne à l'inventaire. La vogue parallèle des « histoires prodigieuses » (Boaistuau, mais aussi Montaigne), et la variante « histoire tragique » étalent ce goût du tragique né de l'impuissance à dominer la diversité.

Sur le plan des opinions, l'échec de la synthèse et de la conciliation est patent. Plus les dogmatismes s'affirment, plus les « sectes » prolifèrent. Non seulement celles qui viennent de la tradition antique, mais encore celles qui émanent de la Réforme : les différences qui séparent luthéranisme, calvinisme, zwinglianisme, anabaptisme, familisme, nicodémisme, etc., témoignent de cet engendrement perpétuel d'« opinions », au sens que ce terme prend à cette époque : jugement opéré d'après les sens et les apparences, sans l'éclairage de la Grâce. L'idéologie de la Grâce, de la prédestination et de l'élection divine s'oppose radicalement à toute conciliation doctrinale. Mais l'intransigeance des ultra-catholiques ne fait pas mieux.

L'attitude à l'égard du désir de savoir et de la curiosité se modifie. Pour beaucoup de Réformés, la curiosité est malsaine car inutile ; la foi suffit. Pour les esprits inquiets, elle peut être une étape dans une progression vers la vérité, comme le personnage du « curieux » chez Pontus de Tyard semble le montrer. Le genre dialogué, qui pouvait au début du siècle présenter sous un mode lucianesque et ludique la pluralité des opinions, se réduit souvent à un dialogue doctrinal où les tendances opposées soit se résolvent dans l'adhésion à l'un des points de vue (Du Vair, *De la constance,* 1597), soit présentent contradictoirement les opinions sans espoir de résolution possible (Bodin, *Heptaplomeres,* composé en 1593).

À la fin du Moyen Âge, le multiple était intégré dans un système fermé ; à la période humaniste, dans un système ouvert, qui permettait l'assimilation éventuelle de nouveaux éléments. Mais après 1560, plusieurs conceptions de l'unité, concurrentes, s'avèrent incompatibles : la Religion, la Raison, le Sensible, etc.

L'instabilité idéelle et spatiale accompagne un sentiment de déperdition temporelle. Le XVIe siècle accomplit des progrès importants dans les instruments de mesure du temps : l'instant devient une notion réelle, mesurable, comme la sensation de sa perte est plus vive. Alors qu'auparavant temps divin et temps humain se complétaient comme deux modes possibles de la durée (infinie/finie), la conscience du temps fragmenté conduit à vouloir y échapper soit par un retour au désir d'éternité, soit par la pratique du *carpe diem* (Horace) et de la jouissance instantanée. Les deux aspects seront présents chez Ronsard. De même l'Antiquité, qui avait une fonction modélisante chez les humanistes, perd celle-ci à mesure que la conscience de la distance historique augmente. Les valeurs antiques semblent bel et bien perdues, et les textes anciens deviendront plutôt un réservoir d'exemples et de contre-exemples (Dorat, Montaigne) impossibles à regrouper dans des ensembles de valeurs permanentes.

L'encyclopédisme raisonné

Aristote sert toujours de cadre, et il faut se méfier des « anti-aristotéliciens » comme Ramus et Jules-César Scaliger qui ne le sont que ponctuellement. Il y a un Aristote scolaire honni de beaucoup, dont Montaigne qui s'en prend à la catégorie selon lui absurde de la « privation ». Mais en revanche la Société de Jésus, qui met en place son système d'enseignement, garde un Aristote particulièrement figé.

La réforme des images

La stérilité scolastique venait de l'application de la logique à un objet métaphysique. Le XVIe siècle tentera de remplacer cette méthode par une « dialectique » : laissons de côté la « dialectique » humaniste, plutôt mal nommée, pour voir comment Ramus tente de simplifier les règles de la logique. Au lieu de répertorier sans cesse les figures des syllogismes, il propose des règles de déduction suivant le principe d'un « raisonnement naturel » allant du genre à l'espèce, par dichotomies successives. Mais sa méthode reste encore tributaire d'une définition des « genres » et « espèces » assez arbitraire. Le plus important est qu'après lui, les images, que l'on peut considérer comme des « espèces », ne devront plus exister dans le discours à titre d'ornements, d'arguments d'ordre émotif, mais à titre d'arguments logiques ; ou bien, disparaître. Ramus scinde donc la rhétorique en deux : l'invention et la disposition reviendront à la dialectique ; l'élocution (réduite à l'art des images émotives), la prononciation et l'action, restent à la rhétorique. Cette séparation marque la disgrâce du raisonnement d'espèce à espèce, ou raisonnement par analogie, autorisé par les discours scientifiques précédents.

Mais Ramus semble s'opposer à la tendance favorable à l'expérience, qui se développe à la fin du siècle. Peu préoccupé par la recherche des lois de la nature, il considère l'expérience comme une hypothèse, ce qui le conduit à blâmer Copernic d'en avoir proposé une mauvaise. Cet aspect du ramisme n'est donc pas responsable de sa grande faveur dans les pays protestants : comme le fait remarquer Frances Yates, c'est le côté « iconoclaste » qui a surtout retenu l'attention. La suppression des images dans le raisonnement faisait l'affaire d'une religion hostile aux signes du sensible.

Le déclin de la rhétorique comme instrument heuristique est confirmé par le courant conceptualiste dont Jules-César Scaliger est en France l'un des représentants. Sa théorie de la figure en tant que combinaison de deux schémas mentaux conduit à l'abandon du référent comme essence de la grammaire. Mais si les universaux n'existent plus dans la Nature, l'« idée de la chose » est inscrite dans l'esprit humain et les universaux linguistiques sont possibles. La rhétorique prend un sens péjoratif : Eugénio Garin note que son déclin en Italie, après 1560, se manifeste par son passage au niveau courtisan. Montaigne dit aussi qu'elle est devenue un art de cour. Ceci n'exclut pas la présence et la pratique, chez les meilleurs auteurs, d'une « autre » rhétorique, que nous appellerons la logique du texte. Elle consiste dans une prise de conscience des effets de sens produits par différences et écarts : par exemple, dans le produit des variations entre les différentes éditions ; ou dans l'organisation des recueils (Ronsard) ; dans le travail d'addition chez Montaigne ; enfin dans l'attention portée aux jeux littéraires, méprisés d'abord lorsqu'ils étaient pratiqués par les grands rhétoriqueurs, décrits mais non estimés par Scaliger, puis réhabilités par Tabourot et Pasquier.

La raison occulte

La fin du XVIe siècle voit aussi des efforts pour rassembler le désordre du monde dans un ordre secret, grâce à des constructions souvent individuelles et « pathologiques ». L'aspect étrange, parfois déroutant, de ces systèmes ne doit cependant pas cacher leur liaison profonde avec la prochaine mathématisation du monde.

La traduction du *Pimandre* du pseudo-Hermès (1579) provoque l'essor d'une littérature hermétiste en langue française (Pontus de Tyard, Du Plessis-Mornay) qui apparaît comme un recours contre le pessimisme contemporain. Quant à la tradition kabbaliste restreinte, au début du siècle, aux milieux hébraïsants, elle s'est ouverte progressivement à l'influence des autres sciences occultes, alchimie, hermétisme, néopythagorisme (Nicolas et Guy Lefèvre de La Boderie). On découvre que les procédés cabalistiques d'interprétation recèlent des possibilités combinatoires illimitées qui rejoignent les jeux littéraires ou même le travail poétique (Du Bartas). L'enthousiasme pour ces méthodes, pour les univers cachés qu'elles ouvrent, est maîtrisé par la recentration sur l'Unité qui se fait, chez Blaise de Vigenère, par la notion de « chiffre » : ce terme renvoie à un univers mathématique dont l'unité est la base ; mais étymologiquement il est *sephirot,* essence divine, nom de Dieu et même catégorie d'Aristote... Superposition vertigineuse du mathématique et du sémiotique.

Dans le livre de la *Subtilité* de Jérôme Cardan (1556), les forces occultes qui organisent la matière ne sont pas loin des forces physiques et de leurs lois. La limite qui sépare arts mécaniques et magie s'estompe. Mais Cardan est contesté par Jules-César Scaliger (1557) parce qu'il voit la « subtilité » dans les choses. Le référent est encore premier et porteur d'affects. Scaliger s'attachera à la dépsychologisation de l'univers et en même temps laissera de côté le problème posé par la vie. Les opinions de Cardan sont paradoxalement plus favorables à l'évolution vers le matérialisme, que l'académisme de Scaliger : en effet, en postulant la spiritualité de la matière, Cardan autorise l'hypothèse inverse, que l'on trouve chez Paracelse : la matérialité de l'esprit. Avec cet auteur, mais aussi dans une certaine mesure avec Giordano Bruno, l'imagination prend une importance considérable car c'est elle qui fait le lien entre l'âme et le corps. Le progrès vers l'explication physiologique des processus mentaux et aptitudes intellectuelles est sensible aussi chez le médecin espagnol Juan Huarte (*De l'examen des esprits pour les sciences,* trad. fr., 1580) qui, tout en restant dans le cadre des humeurs, laisse une bonne place à l'imagination et à la nature biologique des compétences. Montaigne semble l'avoir lu avec attention.

La conception magique du langage recule progressivement et ce mouvement s'accompagne de transferts et de restrictions. L'efficacité du mot se déplace vers la poésie et est accaparée par elle. Ce qui était le propre du texte biblique devient propriété du texte littéraire et de façon plus concentrée, de la poésie qui récupère toute l'affectivité du « texte du monde ». Mais l'étonnement devant le miracle de l'inspiration, devant celui du pouvoir de suggestion et de significations inattendues se situe à la limite du plaisir provoqué par les jeux de mots. Le divin et le ludique se côtoient de manière ambiguë et l'on peut se demander si les mises en scène de l'enthousiasme poétique ne sont pas des constructions destinées à exalter la puissance du poète comme créateur de sens (Ronsard).

La description scientifique va continuer à produire ou réutiliser métaphores et analogies, mais celles-ci deviennent de plus en plus des « comme », des moyens pédagogiques de faire comprendre les phénomènes. La croyance en la réalité des lieux communs devient moins évidente : le corps humain est *comme* un cosmos, il n'est plus l'univers concentré. En même temps, il y a une plus grande liberté à établir de nouvelles analogies, puisque la réalité n'est plus impliquée par ce travail linguistique. Ainsi, le système héliocentrique de Copernic va soutenir le nouveau mythe solaire qui condense les intuitions ficiniennes et l'idéologie du Roi-Soleil. Ce sera toute la force de la rhétorique politique que de faire accepter cette correspondance « naturelle » entre la monarchie et l'astre d'or. Même liberté, désormais possible, dans le discours théologique qui se détache des correspondances établies et forcées pour recourir au registre baroque. Autant la prédication protestante se voudra sobre d'images, autant la pastorale de la Contre-Réforme jouera avec les similitudes persuasives. Rien n'empêche le cardinal Bérulle de prendre à son tour la métaphore du Christ-Soleil pour stimuler les âmes (1622).

À l'évidence, c'est à la « diabolologie », selon un terme de Rabelais, que revient le rôle d'accaparer les pouvoirs du langage. À la fin du siècle, et malgré les interprétations obliques de la magie naturelle chez Cardan et Porta, les mots qui bouleversent l'ordre des choses ne se trouvent plus que dans le domaine réservé de la magie noire. En France tout au moins, il n'y a plus d'indulgence pour une magie naturelle innocente. Jean Bodin relaie les réticences des théologiens, et le raidissement intolérant de la fin du siècle ne favorise pas une philosophie occulte raisonnable.

De plus la recrudescence, parallèle aux guerres de religion, des phénomènes et procès de sorcellerie justifie la méfiance et le rejet des pratiques illicites du langage. Montaigne a bien décrit le processus d'engendrement linguistique des discours de sorcellerie (III, 11) : les procès « donnent corps aux songes » produits par les sorcières et constituent une littérature démonologique formée depuis le fameux *Marteau des sorcières* de l'inquisiteur Sprenger (1487). À force de questions inductives, le magistrat sait déjà ce que le démon a dit et fait. Mais la lutte entre les tenants de l'imagination comme responsable de ces manifestations diaboliques et les partisans d'une sorcellerie évidente à réprimer au plus tôt ne remet pas en cause l'existence réelle des démons. Moins l'univers est régi directement par des « esprits » moteurs et actifs, plus ces derniers se retrouvent efficaces dans le petit monde particulier de la sorcellerie, et plus la peur et la fascination exercées par celle-ci sont puissantes.

Portée des révolutions scientifiques

Les « nouvelletés » ne sont assimilées par la France qu'avec un certain retard. Les aspects les plus scientifiques du Moyen Âge et les recherches effectuées en Allemagne et en Italie fertilisent lentement le sol intellectuel français.

L'hypothèse de la sphéricité de la terre, admise vers la fin du XIVe siècle et le début du XVe, grâce à la lecture de Ptolémée, a permis, comme on sait, les découvertes maritimes par l'ouest. En outre, l'examen des opinions scientifiques de l'Antiquité a remis à l'honneur l'hypothèse des pythagoriciens sur le mouvement de la terre. Aristarque de Samos avait envisagé un double mouvement rotatif, et c'est de lui que part Copernic (*De Revolutionibus orbium cœlestium,* 1543). Cette découverte, qui met un demi-siècle à s'imposer, ne balaie pas immédiatement les explications non scientifiques au sens moderne : Giordano Bruno comprend encore les taches solaires comme un système d'« alimentation » de la planète, et Kepler, dans son *Harmonia mundi* de 1619 parlait encore astrologie et musique des sphères. On peut expliquer par ailleurs le retard français dans le mouvement des idées par la préoccupation des guerres, qui fait passer les problèmes politiques et éthiques avant l'observation du monde. De plus, comparativement à l'enseignement des langues et de la philosophie, l'enseignement au Collège royal dans les matières scientifiques est plutôt médiocre. Les résistances sont aussi métaphysiques, dans les pays non protestants ; pour admettre la notion d'infini, il y a incompatibilité avec l'enseignement théologique classique ainsi qu'avec la nouvelle esthétique baroque : l'infini ne peut concerner que Dieu.

La nécessité du recours à l'expérience est aussi lente à s'imposer dans la mesure où l'écran des textes anciens persiste à filtrer les observations. Ceci est particulièrement important pour la médecine, jusqu'ici plus conjecturale que pratique. Le *De humani corporis fabrica* (1543) de Vésale, témoigne, en tant que traité d'anatomie, d'une nouvelle attention au réel, alors qu'en France la médecine a longtemps été occupée par les querelles entre galénistes et hippocratistes. Paris est une citadelle conservatrice au début du siècle, et Montpellier fait figure d'université de pointe, avec Rondelet. Un fait est remarquable : beaucoup de médecins sont en même temps hommes de lettres, à commencer par Rabelais, mais aussi Scaliger, Champier, Dubois, Peletier du Mans et Linacre (en Angleterre) : la première moitié du siècle unit donc dans un même champ du savoir science du corps et arts du langage ; l'évolution se fera ensuite dans le sens d'une dissociation, et surtout d'une plus grande autonomie par rapport aux textes. Elle se confirme par un plus grand intérêt accordé à la tradition pratique. Cette attitude est vraie aussi pour les autres sciences, bien que les historiens n'attribuent pas spécialement aux savoirs expérimentaux le mérite des progrès techniques et scientifiques. Ceux-ci se réalisent mieux dans les pays d'idéologie protestante, où l'idée que les « œuvres » sont, non pas un moyen de salut, mais un signe d'élection, favorise les entreprises audacieuses et productives.

Certitudes et « Que sais-je ? »

La conception d'un monde instable engendre sans contradiction d'autres mouvements d'idées qui tentent de la réduire. Les effets du concile de Trente se font sentir avec la Contre-Réforme catholique, qui se veut une théologie et une pratique religieuse renouvelées : loin de faire des concessions à l'esprit de la Réforme, la rupture est au contraire radicale mais certains acquis de l'humanisme seront intégrés. L'éducation des jésuites se fondera en partie sur l'étude des lettres, car l'idée d'une culture profane a fait son chemin et les auteurs anciens sont aussi lus et commentés à des fins rhétoriques. Parallèlement, la dogmatique protestante s'est constituée avec Théodore de Bèze et les calvinistes. Mais littérairement parlant, l'esthétique baroque comprendra aussi bien des poètes de l'une et l'autre religion.

Sur le plan moral, la tradition horacienne des « pourceaux d'Épicure » alimente les diatribes contre l'impiété et le principe de la volupté. Il semble que le courant libertin prend ses sources effectives chez Épicure et son complice Démocrite, le « philosophe charnel » (Pontus de Tyard) dont la fortune est significative à la fin du siècle. La *Lettre à Damagète* (dans laquelle Hippocrate décrit la philosophie du rire démocritique, 1487) obtient un certain succès, et, comme pour Épicure, plusieurs images du philosophe sont retenues : il intéresse les médecins par sa théorie des images, des simulacres, et son explication des odeurs ; pour Ramus, il est l'inventeur de la logique : pour Omer Talon, qui rejette les atomes, c'est le rire démocritique qui est essentiel, ce qui rejoint l'analyse physiologique du rire par le médecin Laurent Joubert. Pour Giordano Bruno, Démocrite, Lucrèce et Épicure sont sentis comme étant plus près de la Nature qu'Aristote, et la combinaison qu'ils proposent entre l'atomisme et le vitalisme ne pouvait manquer d'intéresser les nouveaux scientifiques.

La diversité peut aussi être interprétée dans le sens d'une dissociation radicale entre l'« esprit » (ce qui implique la liberté de pensée) et les rites (conformité à la tradition) : ainsi se développe l'attitude particulière des « libertins spirituels », qui suivent le programme des fidéistes padouans. Cette distance ne manque pas d'irriter protestants aussi bien que catholiques. Elle se distingue assez nettement, en effet, d'un scepticisme admis même par les apologistes chrétiens dans la mesure où il peut être un doute préalable à la foi : ce scepticisme-là est lisible chez Charron, et non chez Montaigne. Paradoxalement, les libertins du XVIIe siècle liront Charron comme un « vrai » sceptique et un précurseur...

BIBLIOGRAPHIE

Humanisme

BEDOUELLE G., *Lefèvre d'Étaples et l'intelligence des Écritures,* Droz, 1976.

CAVE T., *The Cornucopian Text. Problems of Writing in the French Renaissance,* Clarendon Press, 1979, « Paperback », 1985.

FUMAROLI M., *l'Âge de l'éloquence,* Droz, 1980.

LA GARANDERIE (DE) M.-M., *Christianisme et Lettres profanes (1515-1535). Essai sur les mentalités des milieux intellectuels parisiens et sur la pensée de Guillaume Budé,* Champion, 1976.

GARIN E., *Moyen Âge et Renaissance,* Gallimard, 1969.

GILMORE P., *le Monde de l'humanisme,* Payot, 1955.

RENAUDET A., *Préréforme et humanisme à Paris pendant les premières guerres d'Italie (1494-1517),* 1916, 2e éd. Érasme, 1953.

L'Humanisme français au début de la Renaissance (1480-1540), actes de colloque, Vrin, 1973.

Platon et Aristote à la Renaissance, actes de colloque, Vrin, 1976.

« La Farcissure : intertextualités au XVIe siècle », *in* Littérature, n° 55, oct. 1984.

Esthétique, humanisme et néoplatonisme

CHASTEL A., *Marsile Ficin et l'Art,* Droz, 1954, 1975.

KLEIN R., *La Forme et l'Intelligence. Écrit sur la Renaissance et l'art moderne,* Gallimard, 1970.

GOMBRICH, SHAPIRO, etc., *Symboles de la Renaissance,* Presses de l'École normale supérieure, t. 1, 1976, 1980, et t. 2, 1982.

Pour l'emblème, voir le recueil *l'Emblème à la Renaissance,* SEDES-CDU, 1982.

Mythes et idéologies

BUSSON H., *le Rationalisme dans la littérature française de la Renaissance (1533-1601),* 1922, rééd. Vrin, 1957.

DUBOIS C.-G., *l'Imaginaire à la Renaissance,* P.U.F., 1985, *précédé de Mythe et Langage au XVIe siècle,* 1969, Nizet, 1974.

CÉARD J., *la Nature et les Prodiges. L'Insolite au XVIe siècle,* Droz, 1977.

FEBVRE L., *le Problème de l'incroyance au XVIe siècle. La Religion de Rabelais,* Albin-Michel, 1942, rééd. 1968.

KOYRÉ A., *Du Monde clos à l'univers infini,* P.U.F., 1962.

SEZNEC J., *la Survivance des dieux antiques,* trad. Flammarion, 1980.

YATES F., *l'Art de la mémoire,* trad. Gallimard, 1975.

Aspects du libertinisme au XVIe siècle, actes de colloque, Vrin, 1974.

La Curiosité à la Renaissance, recueil, SEDES-CDU, 1986.

CADRE LITTÉRAIRE

De l'école du jeu à la mort baroque

L'ascension du livre

Le développement de l'imprimerie en France

L'essor de l'édition au XVIe siècle, qui paraît avant tout un phénomène culturel, ne doit pas faire oublier que cet art s'est développé aussi comme un marché, à une époque où l'organisation devient capitaliste et soucieuse de profit.

L'utilisation des caractères mobiles a commencé vers 1450 dans la région de Mayence, mais c'est seulement en 1470 qu'est installée à Paris la première presse : les allemands Ulrich Gehring et Johann Heynlin sont imprimeurs de la Sorbonne. Les réactions face à la nouvelle invention sont alors partagées : si beaucoup d'ecclésiastiques applaudissent à une plus grande possibilité de diffusion religieuse, d'autres la considèrent comme « diabolique ». Les libraires sont plutôt hostiles à un procédé si différent de la copie artisanale, et les copistes, s'ils ne se font imprimeurs, seront bien vite ruinés. Le développement des presses est en effet très rapide, et les livres nombreux : cette relative démocratisation fera baisser les prix des deux tiers en un demi-siècle.

Paris est bientôt secondée par Troyes et Rouen, et domine la production du Nord et du Centre. Pour le Sud, c'est Lyon qui en 1473 prend une relève efficace et devient, à la fin du XVIe siècle, troisième centre européen après Venise et Paris. Favorisée par la proximité des papeteries de Champagne et du Beaujolais, Lyon est en outre en relation privilégiée avec les imprimeurs allemands, qui apportent la technique, et les éditeurs vénitiens (dont Alde Manuce, qui a fait du livre une œuvre d'art). La ville est un marché productif, et un millier d'ouvriers imprimeurs y travaillent lorsqu'éclatent les grèves de 1539-42 : elles manifestent la vitalité d'une corporation qui se sent nouvelle et puissante. Lyon sera particulièrement bien placée pour recevoir et diffuser les livres venant de la Réforme (de Genève, Strasbourg et Bâle) et pour exporter les impressions françaises, vers l'Espagne notamment. Puis, les imprimeurs-éditeurs s'installeront la plupart du temps dans les villes universitaires et, à la fin du XVIe siècle, près des collèges de jésuites (La Flèche), et dans les villes protestantes comme Saumur et La Rochelle.

Répertoire

La période de 1470 à 1490 est surtout productrice de livres religieux, pour moitié environ : livres d'auteurs chrétiens, de l'Antiquité tardive ou du Moyen Âge ; livres de piété et de mysticisme comme l'*Imitation de Jésus-Christ,* la *Vie de sainte Brigitte,* les œuvres de Gerson. Ce sont des livres qui se vendent bien et répondent à une demande immédiate. L'autre partie des éditions est formée de manuels, grammaires, dictionnaires, livres scientifiques et « scolastiques » ; peu après viendront les impressions de livres populaires, romans de chevalerie, *Légende Dorée,* livres de cuisine, calendriers, etc., ainsi que des cartes et portulans. La présence des livres humanistes se manifeste à partir de 1480.

Imprimeurs, éditeurs, auteurs

Si le libraire s'équipe d'une ou deux presses et devient ainsi imprimeur, l'imprimeur tient souvent boutique de libraire à côté de son atelier, ce qui fait que la profession est, au début du XVIe siècle, assez complète et diversifiée. L'édition proprement dite demande des capitaux plus importants, d'abord fournis par des mécènes (souvent des ecclésiastiques comme Jean de Bourbon à Lyon), avant que les profits du libraire ne permettent l'autofinancement. Beaucoup de libraires-imprimeurs-éditeurs s'associent dans un système de coédition et de correspondance qui multiplie les échanges de livres par troc, envois et ventes réciproques.

Dans ces débuts, certains nouveaux éditeurs sont en même temps humanistes car, dès que le soin apporté à l'établissement du texte devient plus grand, les artisans font appel à des lettrés qui effectuent les travaux de correction, choisissent les auteurs, distinguent les apocryphes. Ces savants peuvent se mettre à leur compte à leur tour, comme dans le cas exemplaire de Josse Bade : d'abord professeur de littérature latine à Lyon, puis employé chez Treschel qui venait lui-même d'Allemagne, il surveille l'impression des livres destinés à ses élèves, dont le fameux *Térence* de 1493, et rédige les épîtres dédicatoires. Puis il se rend à Paris, travaille chez Jean Petit, devient imprimeur, et son atelier se transforme en véritable « cénacle » : on y rencontre Lefèvre d'Étaples, Vatable, Danès, Toussaint, Louis de Berquin et Budé. Bade publiera environ 700 livres, dont quatre-vingt pour cent en latin, et s'efforcera de mettre au jour les bases de l'humanisme classique : Apulée, Quintilien, Cicéron, Térence, Sénèque, Virgile et Donat ; mais, s'il publie les œuvres des humanistes et les siennes propres, il n'en oublie pas pour autant Béda et Lemaire de Belges...

La profession d'imprimeur comprend de véritables dynasties, qui essaiment en France selon les mariages ; la famille Estienne fournit éditeurs et humanistes : l'auteur du *Dictionnaire latin-français* (1538) Robert (premier du nom), l'helléniste Henri puis Charles, médecin et auteur de la (sic) *Guide des chemins de France* (1552). Beaucoup font preuve d'une grande ouverture d'esprit, comme Sébastien Gryphe à Lyon qui accueille Dolet sortant de prison.

Quand la répression qui s'abat sur les Réformés force les « hérétiques » à partir, certains éditeurs prennent aussi le chemin de l'exil. Christophe Plantin s'établit à Anvers en 1543, et continue à répandre son esprit concordiste dans son édition de la *Bible polyglotte* ; il reste en contact avec les milieux intellectuels français, correspond avec Postel et les frères La Boderie.

La marque de l'imprimeur, qui devient un véritable emblème souvent accompagné d'une devise, est aussi importante, sinon plus, que le nom de l'auteur. Sur beaucoup d'ouvrages celui-ci n'est pas mentionné, et la notion de propriété littéraire n'existe pas. L'auteur ne perçoit pas de « droits », et ne peut vivre de sa plume qu'en dédiant son livre à un mécène. Les manuscrits ne se vendront au libraire qu'au début du XVIIe siècle. Mais un certain nombre de livres ne portent aucun nom d'éditeur, d'auteur, ni même de date ou de lieu d'édition : par mesure de prudence, ou trahissant une contrefaçon. L'histoire d'un livre du XVIe siècle peut comprendre l'histoire de son édition.

Privilèges et censures

Le marché et la profession du livre sont d'abord libres, mais dès la fin du XVe siècle deux problèmes importants doivent être résolus : il faut protéger les libraires et éditeurs contre les contrefaçons, extrêmement pratiquées. Dolet, ami de Rabelais, n'hésite pas à faire une édition du *Gargantua* (1534), sans l'accord de l'auteur. Protéger aussi le public contre les « mauvais livres » qui ne tardent pas à semer le doute et la révolte dans les consciences. Les libraires tenteront d'obtenir une réglementation de leur métier, vers 1570. L'obtention de privilèges devient courante au début du XVIe siècle, et accorde l'exclusivité d'un livre à un libraire donné pendant un temps limité ; mais les pratiques sont autres, et les saisies rares. De plus, il est difficile de distinguer une contrefaçon d'une nouvelle édition réalisée à partir d'une deuxième copie.

Les privilèges sont accordés par le roi, les parlements ou les juridictions locales, non sans contradictions. Le roi rend le privilège obligatoire en 1563, ce qui tend simplement à accorder une situation de monopole aux grands éditeurs parisiens bien vus en Cour. Les parlements y sont plutôt hostiles.

Les privilèges peuvent contribuer à la censure, mais en sont bien distincts. La Sorbonne censure souvent, le parlement aussi, mais le roi n'entérine pas toujours : les batailles de censure concernant les livres grecs dans les années 1520, puis les livres traitant de l'Écriture, sont nombreuses et mouvementées ; elles signalent l'impuissance relative de la faculté de Théologie, mais si la protection royale se relâche, les contrevenants sont rapidement condamnés. Rabelais obtient le privilège royal pour son *Tiers Livre* (1546), alors que les deux précédents sont condamnés... Cependant, ni le malheureux libraire-imprimeur du *Cymbalum mundi,* ni celui des œuvres de Marguerite de Navarre, n'obtiendront grâce. Les éditeurs sont souvent plus visés que les auteurs, et c'est aussi en tant que propagateur de livres hérétiques que Dolet est brûlé. Malgré tout, comme le souligne Henri-Jean Martin, cette répression est bien peu de chose par rapport à l'énorme production de livres répandant les idées nouvelles.

Diffusion

On a estimé que le tirage moyen d'un livre du XVIe siècle devait se situer entre 1 000 et 1 500 exemplaires. Ceux-ci étaient d'abord envoyés non reliés et en liasses aux libraires correspondants, ce qui explique les manques, les interversions, etc. Pour aller au-devant de leur clientèle, les libraires utilisent des « facteurs » qui voyagent et représentent la maison ; ils affichent ou distribuent la liste des livres disponibles, ce qui deviendra plus tard le catalogue, et profitent des jours de marché et de fête dans les villes et les bourgs. Un certain nombre s'y installent comme détaillants. Vers 1490, un tel réseau commercial s'est étendu sur toute l'Europe occidentale. Les foires représentent un moyen supplémentaire de diffusion : à celle de Lyon, par exemple, il n'y a ni taxes, ni privilèges. Hommes et livres y circulent librement.

À la campagne, la diffusion s'effectue par colportage, et concerne deux types d'ouvrages : ceux de la « littérature populaire », romans, almanachs, images ; ceux de la propagande pour la Réforme à partir de l'installation de Calvin à Genève. Mais déjà les traductions de l'Écriture par Lefèvre d'Étaples circulaient sous le manteau. Les colporteurs sont en effet incontrôlables et cette méthode s'était déjà avérée efficace en Allemagne pour la propagation des écrits de Luther. D'autre part, ni les grands libraires parisiens qui en organisent la répartition, ni les courtiers bâlois qui négocient en France ne sont inquiétés. Le profit tiré du livre interdit est réel.

Les bibliothèques privées sont d'abord constituées par des hommes d'Église, et surtout à Paris. Puis, dans la deuxième moitié du siècle, on trouve beaucoup de livres (quelques centaines d'ouvrages) chez les bourgeois et les gens de métier. Les nobles n'en possèdent guère. La Bibliothèque royale existe d'abord à Blois, où Lefèvre d'Étaples la tient en 1526. François Ier la fait transférer à Fontainebleau (1527), et institue le dépôt légal (1537). Cette bibliothèque sera déplacée à nouveau, cette fois à Paris, et sous Charles IX (1570).

Présentation matérielle

Les premiers livres (incunables) conservent la présentation des manuscrits : écriture gothique, abréviations, ligatures, usage d'enluminures. Les caractères romains, qui viennent des ateliers des Alde à Venise, seront vulgarisés par les humanistes, et courants après 1520. Mais le gothique s'utilisera encore tard dans le XVIe siècle pour les livres bon marché imprimés avec des caractères usagés rachetés à bas prix. La page de titre apparaît vers 1480, mais la plupart des ouvrages du XVe siècle ne sont ni foliotés ni paginés, et la pagination systématique ne deviendra une habitude que dans la seconde moitié du XVIe siècle.

En même temps, les pièces liminaires se feront de plus en plus nombreuses, insérant le livre dans un réseau de significations sociologiquement important, par les éloges de confrères et les dédicaces. Le livre du XVIe siècle est souvent pris dans une histoire particulière, une polémique, un défi, une réponse à. Il se donne comme la réalisation d'un projet qui intéresse sinon tout le monde, du moins un groupe social. Même la littérature amoureuse la plus intime peut être une réplique non pas à une maîtresse tyrannique, mais à un autre recueil amoureux... Le livre apparaît comme un lieu d'échange privilégié, qui place la littérature dans un ensemble plus vaste de signes de reconnaissance ou de refus.

Les résumés ou les titres-résumés encore fréquents au début du XVIe siècle tendent à être remplacés par des tables des matières ou même des tableaux synoptiques qui font un effort de logique : on en trouve déjà un exemple dans une édition de 1515 du pseudo-Lulle *(In Rhetorica Isagoge),* avant que cette pratique ne soit répandue par Ramus. La table des matières est concurrencée par l'index, mais pour le lecteur moderne, ceux-ci sont difficilement utilisables : mêlant noms propres, noms communs classés par l'article, fragments de textes arbitrairement découpés, ils ne répon-

guère à l'idée que nous nous faisons d'une extraction programmée d'items.

Les illustrations prennent une importance croissante, car elles sont un argument publicitaire pour les illettrés, et une séduction de plus pour les amateurs d'images. La technique du bois gravé reproduit en série existait déjà depuis le XIVe siècle et se continue naturellement pour la décoration du livre imprimé. Lorsque la gravure sur métal en taille-douce se généralise dans la seconde moitié du XVIe siècle, la qualité du produit fera de ces estampes une industrie à part avec un large marché, dont celui des campagnes, où elles constituent les tableaux du pauvre.

Dans le livre illustré, un aspect intéressant est la réutilisation des mêmes bois ou gravures pour des livres différents : les imprimeurs allemands, premiers spécialistes du procédé, se déplaçaient avec leurs bois, comme Treschel avec ceux de Holbein, et les libraires eux-mêmes passeront les gravures d'un livre à l'autre. Cette pratique rend aléatoire, ou du moins plus lâche, le rapport de l'image au texte, particulièrement lorsqu'il s'agit de gravures accompagnant les récits de voyages : elles sont supposées représenter la « réalité » vue par le voyageur, suivre le texte et en donner l'équivalence plastique. Mais bien souvent elles dévoilent un imaginaire autonome et parfois contenu implicitement dans le récit (voir les illustrations des *Voyages* édités par De Bry à la fin du XVIe siècle).

Les affinités littéraires

La distinction des mouvements littéraires à la Renaissance s'est faite *a posteriori* et selon des critères variables. Les « rhétoriqueurs » ont été baptisés au début du XXe siècle par un critique qui ne les appréciait pas ; l'humanisme est plutôt un idéal et un élan ; un courant pourra être défini à partir d'un lieu particulier (Lyon), et la Pléiade semble être le seul groupe littéraire digne de ce nom : encore met-on sous cette appellation bien autre chose que ce que les contemporains y sentaient. Enfin « maniérisme » et « baroque » sont des esthétiques plurivalentes et contestées, à cause de leur rapport plus éloigné à l'histoire littéraire, et la notion de « littérature festive » est empruntée partiellement à Mikhaïl Bakhtine. Les chevauchements et les manques sont évidents, car l'histoire de ces mouvements ne correspond pas tout à fait aux textes.

Pratiques littéraires humanistes (1480-1540)

La notion de « littérature » n'existant pas au XVIe siècle comme nous l'entendons, il faut envisager la production humaniste dans un sens plus large que celui qui lui est habituellement accordé : les *litterae* de l'époque concernent toute la tradition écrite. Ce n'est que peu à peu que les « belles-lettres » conquièrent spécificité et autonomie. Être un auteur humaniste signifie :

Corriger. L'idéal d'une langue pure avait déjà hanté les humanistes italiens. Les différences qu'ils avaient pu constater entre la latinité médiévale et le latin classique les avaient suffisamment indignés pour que le souci premier devienne l'établissement d'une norme linguistique et stylistique : telles étaient les exigences des *Elegantiae* de Laurent Valla (1444). En France, les premiers humanistes comme Fichet, Tardif ou Gaguin s'efforcent à leur tour de rétablir le bon latin. Cicéron, qui s'impose tout de suite comme référence, est cependant contesté.

La correction du style d'autrui conduit aussi à demander une nouvelle forme de texte, à continuer la transposition de la rhétorique oratoire à la prose d'idées, et à transférer les caractéristiques du style poétique (figures) aux genres didactiques, dans les limites des nouvelles normes. Pratiquement, celles-ci se traduisent par la chasse aux barbarismes, Tardif étant plus indulgent sur ce point que Fichet, car il est plus conscient de l'évolution du latin. La limite qui sépare le point de vue grammatical (dire correctement) du point de vue rhétorique (bien dire) n'est pas toujours claire, et ce que les uns appellent précision de la pensée, d'autres l'appellent ornement.

La correction semble être l'activité érasmienne par excellence. Lucien Febvre a vu dans ce purisme une des causes de l'abandon progressif du latin : or le latin d'Érasme est plutôt une langue souple, qui admet les néologismes nécessaires aux référents nouveaux. Mais il est certes différent de ce latin courant pratiqué dans les milieux cléricaux et universitaires. En revanche, la cause des « cicéroniens » est plus radicalement passéiste : Bembo en Italie, Christophe de Longueil, Dolet et Scaliger en France soutiendront un latin pur et historiquement attesté ; point de vue raisonnable, car ces bons linguistes prévoyaient l'artifice consistant à adapter un idiome à des structures mentales et sociales complètement différentes. La recherche de l'élégance a aussi son envers : ces nouveaux latinistes seront souvent pour nous — en raison de leur culte immodéré pour les tournures idiomatiques — plus obscurs que les lourds logiciens médiévaux. Qu'il soit le fait des cicéroniens ou des érasmiens, le latin élégant n'a pas la cohérence du latin médiéval.

Annoter. Les humanistes continueront à leur manière le travail d'exégèse à partir d'un texte, qui constitue la base du commentaire. Celui-ci revêtira diverses formes et évoluera pendant le siècle (*cf.* p. 115). On peut déjà distinguer le commentaire philologique qui consiste à éclaircir le texte, donner les explications grammaticales, et effectuer cette traduction paraphrastique appelée *praelectio* et qui est la base de l'enseignement humaniste. Ce premier aspect est cependant souvent dépassé par un second qui est une lecture expansive du texte ; elle met en pratique une *copia* qui n'est plus seulement richesse de sens mais richesse de mots : le commentateur effectue des rapprochements avec d'autres textes soit allégués soit cités, ou bien il explicite les sources. La méthode n'est plus une explication ligne à ligne, mais d'abord un travail de sélection des passages les plus susceptibles d'amplification ou de glose. Il s'agit bien d'une glose, même si les auteurs s'en défendent. Plus tard, quand le commentaire tendra à prendre un développement autonome, ce seront les gloses humanistes qui feront office de texte second : entre le texte ancien et le nouveau commentaire se glissera par exemple un commentaire d'Érasme, qui renvoyait lui-même à d'autres sources. Contrairement au commentaire médiéval qui procédait par strates, le commentaire de la Renaissance diversifiera les pistes en réseaux de lectures croisées ou superposées. *Les Commentaires de la langue latine* (1536-38) de

Dolet présentent un stade intermédiaire, avant le commentaire libre.

Éditer. Pour les humanistes qui sont en même temps éditeurs ou imprimeurs, il y a une influence certaine du travail artisanal sur la conception de l'écriture : ainsi chez Geoffroy Tory qui publie en 1529 son *Champfleury, auquel est contenu l'art et science de la due et vraie proportion des lettres attiques (...) proportionnées selon le corps et visage humain* ; comme le titre l'indique, l'auteur attribue à la lettre une fonction matérielle et symbolique fondamentale ; elle correspond à cette articulation de la partie et du tout qui détermine la conception du signe graphique à cette époque. La mode des alphabets se répand, et les écritures singulières (orientales, cabalistiques ou magiques) sont réunies en recueils, à la fois comme des curiosités et des éléments de grammaire, témoins les *Caractères de vingt-deux langues* publiés par Guillaume Postel en 1538.

Mais l'activité éditrice consiste d'abord à produire un texte sûr : la pratique de la comparaison systématique de plusieurs manuscrits se répand, même si certaines leçons erronées sont encore retenues. Érasme lui-même n'était pas à l'abri de telles bévues. En France, ce sont surtout Lefèvre d'Étaples, Josse Bade et Geoffroy Tory qui s'y consacrent.

Extraire et compiler. Tout en jetant le discrédit sur les « sommes » médiévales, les humanistes n'hésitent pas à chercher en différents auteurs des matériaux propices à l'« invention » des hommes de lettres. Considérant que les « choses » ne peuvent pas se trouver ailleurs que dans les textes, ils parcourent les chefs-d'œuvre et les compilations antérieures les ciseaux à la main ; les résultats de ces dépeçages connaissent un succès considérable. Ce sont souvent les véritables sources, en seconde main, des auteurs que nous lisons. Il faut donc considérer que ces citations ou réécritures d'Ovide, Hésiode, Lucien, etc., sont prises d'ouvrages où elles sont déjà extraites de leur contexte : prises chez Crinitus, Caelius Rhodiginus, Polydore Virgile, et surtout aux *Adages* (1500-1523) d'Érasme, véritable best-seller, où le goût pour les morceaux choisis s'allie à celui des formes gnomiques. Les « florilèges » déjà prospères au Moyen Âge continuent à s'éditer, et font figure de dictionnaires de lieux communs, de quoi nourrir dissertations, discours, et même poésie. Les humanistes et auteurs français se contenteront bien souvent de refondre les compilations effectuées dans les autres pays, comme dans le cas des « hiéroglyphes » compilés par Gilles Corrozet, Barthélemy Aneau ou Jean Mercier.

Paraphraser. Les humanistes, préoccupés par la restitution du Texte sacré, en recherchent le sens authentique d'après le programme érasmien. Ce *sensus germanus* est senti par le contexte et peut devenir sujet de méditation. De plus, ces stylistes sont convaincus que la Bible doit être traduite dans un autre style, celui de l'Ancien Testament étant par trop « rude » (Budé). Avec ses traductions, Lefèvre donnera des *Paraphrases* du Nouveau Testament (1521) en français, et Buchanan des *Paraphrases* des *Psaumes* en latin (1566) : ces dernières deviendront un véritable genre à la fin du siècle, surtout en milieu protestant.

Dans les textes profanes se développe la forme plus discrète de l'allégation paraphrasée : il s'agit de reprendre le propos d'un autre sous une forme plus personnelle, interprétée et amplifiée, voire complètement intégrée à un discours subjectif. Cette méthode était permise par Quintilien et concernait l'idéal d'incorporation, d'ingestion et de digestion du texte d'autrui dont Montaigne fera son profit. D'une certaine façon, cette pratique laïque continue le principe de la méditation, dans la mesure où un texte provoque une nouvelle forme de réflexion.

Traduire. Les nouveaux hellénistes et hébraïsants que produit la période humaniste considèrent que la Vulgate est erronée et qu'il faut refaire une nouvelle traduction latine, laquelle servira de base aux traductions en langue vulgaire : cette deuxième étape se situe vers les années 1515-20, et pose le problème du statut du français par rapport au latin. L'idéal évangéliste est que l'Écriture soit accessible à tous. En cela, il s'oppose aux habitudes élitistes qui ont toujours prôné le latin comme langue internationale des lettrés ; un humaniste comme Guillaume Budé n'a écrit qu'un ouvrage en français : un recueil d'*Apophtegmes* destiné à François Ier... et resté manuscrit. La pratique exclusive du latin a l'inconvénient de ne pas toucher un public assez vaste, dont les gentilshommes et les princes. Son utilité, évidente comme langue humaniste en 1520, est plus discutable en 1540, quand la langue française a gagné du terrain. Le bilinguisme littéraire s'impose un moment, d'autant plus que, dans un mouvement inverse, la propagande luthérienne qui s'était faite en allemand doit être retraduite en latin pour passer la frontière. L'ordonnance de Villers-Cotterêts (1539) dont on dit qu'elle a tant fait pour l'usage du français dans les documents administratifs, répondait aussi au souci de réduire la disparité entre droit romain, rédigé en latin, et qui s'appliquait aux provinces d'oc, et droit coutumier en français dans le Nord et le Centre.

Enseigner. L'explication de texte littéraire naît de la *praelectio* sur les textes profanes, autorisée en 1489 à Paris, à raison d'une heure par jour. Pratiquée depuis longtemps dans les académies italiennes, il n'y a pourtant rien d'équivalent en France jusqu'à ce que des professeurs ultramontains (Balbi, Andrelini), viennent à Paris enseigner ces méthodes. Ils insistent sur la notion de bon goût, par rapport aux modèles que sont Cicéron et Virgile, et pratiquent la méthode comparative. L'appréciation esthétique les distingue donc de l'humanisme strictement philologique. Aristote, Pline et Suétone seront traités comme des poètes, lesquels en revanche sont considérés comme des philosophes. Plus tard (entre 1554 et 1571) l'humaniste Jean Dorat fera un cours sur Homère en insistant davantage sur la psychologie, l'explication des phénomènes naturels et le sens symbolique de l'œuvre (par exemple, le vent signifie le « vent des passions »). Au début comme au milieu du siècle, l'explication procède plus par association d'idées et par un processus qui se veut dialectique, que par une méthode suivant un développement logique du texte, ce que pourtant les principes de la rhétorique auraient autorisé.

Ces professeurs se déplacent beaucoup, en France et en Europe ; ils enseignent dans divers collèges, comme le portugais Antoine Gouvéa qui professe à Paris, puis à Bordeaux au collège de Guyenne que fréquentera Montaigne ; ou encore Georges Buchanan, à Sainte-Barbe, au cardinal Lemoine et au collège de Boncour. L'enseignement se veut oral, pour un apprentissage « vivant » du latin, suivant en cela deux modèles : celui de l'orateur, pour former l'homme dans la cité ; celui de la conversation, selon une pédagogie propre à Érasme qui multiplie colloques et dialogues. Mais l'enseignement élémentaire se développera plutôt chez les Réformateurs.

Moraliser, platoniser, pétrarquiser. L'évangélisme ne manque pas d'inspirer des œuvres littéraires, dont la plus significative est sans doute celle de Marguerite de Navarre.

La morale. La période 1520-1540 voit fleurir une poésie d'inspiration évangéliste (Victor Brodeau), encore marquée par les procédés de l'allégorie (Hugues Salel, François Habert, Marguerite de Navarre). C'est aussi la suite de la querelle des femmes, déjà bien étendue au XVe siècle, et illustrée cette fois du côté « féministe » par Symphorien Champier (*la Nef des dames vertueuses,* 1503), Charles Fontaine, Charles de Sainte-Marthe, François Habert, Antoine Héroët, à la suite de la *Précellence du sexe féminin* (1505) d'Agrippa, écrit à Dôle pour Marguerite d'Autriche. Les opposants auront leurs porte-parole en Gratien Du Pont, André Tiraqueau (ami de Rabelais), et La Borderie qui dans son *Amie de Cour* (1541) dénonce la coquetterie des femmes libérées du joug masculin. Arguments *pro* et *contra* ne manquent pas. Les auteurs du temps continuent à vouloir ramener les hommes à la raison, et dénoncent leurs différentes « folies » : celle des femmes, du clergé cupide, de la guerre, des anti-humanistes et des scolastiques. Ce sera l'esprit de certaines *Épîtres* de Marot, et de toute une littérature moralisante issue de la *Nef des fols* de Sébastien Brant traduite par Josse Bade en 1497 (en latin).

Amour humain, amour divin. Si nombre de poèmes traitant soit du « ravissement » divin (Marguerite), soit d'un amour humain plus superficiel (Mellin de Saint-Gelais) adoptent des formes marotiques, leur contenu se rattache à l'esprit humaniste, qui a vulgarisé la lecture des néoplatoniciens et des pétrarquistes italiens. La poésie de Marguerite, son *Théâtre profane* (1548) et certains devisants comme Oisille dans *l'Heptaméron* sont pénétrés d'amour divin et d'esprit de méditation qui marquent l'évangélisme. Hugues Salel platonise aussi, tout comme Corrozet dans son « Conte du rossignol » (1542) faisant l'éloge d'un amour saint et non charnel, ou Des Périers dont les *Poésies* comportent vers moraux et mythe de l'androgyne.

Mellin de Saint-Gelais oriente cet idéalisme amoureux vers un style italien et madrigalesque, donnant à la poésie de cour un ton plus superficiel et galant que celui de Marot, ce qui fera de lui la cible de Coqueret (*cf.* p. 68). De même, comme auteurs néolatins, Théodore de Bèze *(Vers de jeunesse,* 1548), Marc-Antoine de Muret et Buchanan, se rattachent à une certaine poésie humaniste, plus par la forme que par le contenu, car leur textes sont moins encombrés de mythologie que les néolatins italiens. Cette poésie en latin est une étape avant l'imitation directe des Italiens par les poètes qui écrivent en français.

Les grands rhétoriqueurs (1460-1520)

Les rhétoriqueurs et l'Histoire. Eux-mêmes s'appelaient plutôt « rhétoriciens », c'est-à-dire praticiens habiles des deux rhétoriques, oratoire et poétique. Mais il est difficile de distinguer nettement les grands rhétoriqueurs de l'ensemble des autres poètes de la seconde moitié du XVe siècle. Ils pratiquent une littérature de cour, dans le Nord et le Centre de la France : cour d'Anne de Bretagne, pour laquelle Lemaire écrira ; cour de Bourgogne sous Philippe le Bon et Charles le Téméraire, pour Molinet négligé par Louis XI ; cour de Marguerite d'Autriche, pour Lemaire encore, qui passe de maître en maître. Mais il existe aussi à la même époque des cercles littéraires qui organisent des concours de poésie, comme Le Puy des Palinods à Rouen, où l'on trouve Jean Marot (père de Clément), Guillaume Crétin et Jean Parmentier ; le cercle de Ligugé, auprès de Geoffroy d'Estissac, avec Jean Bouchet, lié aussi au groupe de Fontenay-le-Comte que fréquente Rabelais. Si les « puys » gardent un aspect bourgeois et urbain, les rhétoriqueurs installés près des Grands ont une fonction sociale liée à la famille qu'ils servent : Molinet et Lemaire sont « indiciaires », c'est-à-dire historiographes. Leur travail consiste à louer les personnages et la cour auxquels ils sont attachés, et à mettre ainsi en place cet idéal de gloire qui marquera la littérature monarchiste du XVIe siècle. Pierre Gringore est entretenu par Louis XII à des fins de propagande, et Jean Marot tient le même rôle à la cour de François Ier. Cette mission est particulièrement sensible dans les nombreuses pièces de circonstance que les écrivains sont tenus de produire lors des événements affectant les familles princières : le genre de la « plainte funèbre » prend un développement significatif chez Lemaire et Molinet, pour lesquels elle est aussi l'occasion de manifester un talent personnel. En orientant la mort vers l'idée de gloire et d'immortalité (accordée non seulement pour les hauts mérites mais par la poésie), les poètes modifient une vision de la mort qui aux XIVe et XVe siècles apparaissait encore comme « macabre ». La mort devient l'occasion d'une « pompe » et d'une mise en scène dont on trouvait les prémices dans les *Triomfi* (1352) de Pétrarque.

Le rhétoriqueur a une grande idée de sa fonction et de la littérature. Il s'agit de parler à la place du Prince, et aussi à la place de ses sujets. Le mythe de l'inspiration par la « fontaine caballine » (Pégase) chère à la Pléiade se trouve déjà chez Guillaume Télin (*Bref Sommaire des sept vertus,* 1534), Molinet, Lemaire (*Épître de l'amant vert,* 1506), et même chez Jean Robertet, pourtant « rimeur déclaré ».

Représenter la parole du Prince ne mène d'ailleurs pas obligatoirement à la fortune : si Guillaume Crétin jouit d'une carrière ecclésiastique brillante, Jean Marot meurt pauvre.

Mais ces auteurs ne négligent pas le rôle moral et politique du poète dans la dénonciation des « abus ». À commencer par ceux des cours : la satire anti-curiale est une vieille tradition qui se poursuit avec *l'Abusé en cour* (anonyme, vers 1460) et son complément, le moyen de ne pas s'y perdre, dans le *Doctrinal des princesses* (1510-11) de Jean Marot. Dénonciation aussi classique du clergé, qui va dans le sens du gallicanisme ambiant : voir les « Grâces » de Molinet ou le *Traité des schismes* (1510) de Lemaire. Ces cibles ne sont pas seulement obligées ; elles signifient que derrière la virtuosité technique des rhétoriqueurs se cachent ou s'exaltent un idéalisme de la vertu et un désir d'harmonie certain, tels qu'on peut les lire chez Jean Parmentier et Guillaume Crétin. Cette harmonie est vue dans les « sphères » ou dans l'architecture proposée comme image : le motif du Temple, par exemple, réunit l'archaïsme du sujet et l'allégorie d'une Vertu spatialisée dans un ordre construit ; à ceci se mêle souvent un décor pastoral lui aussi idéalisé avec verger, songe, *locus amoenus,* etc. La Nature ne se distingue guère d'une société rêvée comme ordre et vertu d'équilibre, sans cesse menacés par les « abus » : dans *les Lunettes des Princes* (vers 1461), Jean Meschinot tente, dans un dialogue entre le roi Louis et la France, de ramener aux bons principes un pouvoir qui les délaisse. Octovien de Saint-Gelais dans le *Séjour d'honneur* (vers 1490). Jean Bouchet et encore Jean Marot prennent leur rôle de conseillers politiques au sérieux et prônent la « concorde », au moins entre chrétiens contre les Turcs. C'est Molinet qui va le plus loin dans le style de la « remontrance » en prenant la défense du peuple, avec sa *Ressource du petit peuple* et son *Testament de la guerre* (1481-1482).

La soumission à la cour est aussi une obligation de paraître et le milieu curial sera très tôt décrit comme un « théâtre », avec une littérature de façade immédiatement visible dans les devises et emblèmes. L'« Entrée du roi Charles VIII à Rouen » (1485, anon.) décrit comment des personnages déguisés portent des lettres de poèmes acrostiches. Pour autant qu'on le sache, ces pratiques ne sont pas vécues comme une aliénation ; les poètes se plient au jeu de la cour, et lui donnent ce qu'elle attend d'eux, un texte déployé à ses yeux charmés. La contradiction entre l'idéal de vertu et le goût de l'artifice n'apparaît pas comme un déchirement.

Le langage comme énigme. L'école des rhétoriqueurs existerait autour d'une esthétique commune, consistant en manipulations langagières, certes connues avant elle mais systématisées et explorées jusqu'à la limite. Prose et poésie subissent une transformation qui apparaît comme un brouillage réparti en :

1. Brouillage de la lecture, par la nécessité de parcourir verticalement certains textes, et non plus seulement horizontalement : ce sont les poèmes acrostiches de Molinet, Lemaire, etc., dont les premières lettres constituent soit le nom propre d'un dédicataire, soit un texte connu : *Ave Maria, Salve Regina ;*

> *Sal*ut à vous, dame de haut parage,
> *Ve*rs qui chacun, de très humble courage,
> *Re*ndre se doit pour bienheurté conquerre ;
> *Gi*ron de paix, Reposoir de suffrage,
> *Na*vire sûr, sans peur et sans naufrage [...]
>
> Lemaire, « Oraison à la Vierge », 1498.

Lecture palindrome (à l'envers) ; lecture qui demande une attention aux effets produits à la rime : rimes équivoquées, batelées, couronnées ; lecture en rébus, avec prise en compte de la spatialité du texte : $\frac{\text{ci}}{\text{un}}$ se lit « un souci » (Jean Marot). Procédés par lesquels l'écrit devient un objet visible étalé dans l'espace. Ces jeux existaient déjà dans la littérature grecque et latine, et renaissaient dans la tradition des *carmina figurata* de Raban Maur (IXe siècle). Si parfois la lecture peut donner un sens ironique au texte, le plus souvent elle s'applique à des sujets sérieux (Destrées et ses vies de saintes) ou moraux (Baude, *Dits moraux pour faire tapisserie* vers 1480). Les poètes avouent d'ailleurs vouloir rivaliser avec la peinture, et donner les syllabes comme des équivalents de touches de couleur. Par conséquent, de même que les tableaux ont besoin d'un commentaire pour être décryptés, car il constituent une énigme, de même les poèmes ne sont complets que grâce à un décodage adéquat et à une complicité entre les participants. L'énigme du texte n'a d'intérêt que si elle est provisoire, et dans la mesure où elle se déclare.

2. Brouillage du sens, dans une lecture syntagmatique cette fois : il s'effectue dans le mélange des langues, ancienne pratique de clercs, reprise dans le « *Confiteor* »

de Molinet, où les vers français et latins alternent ; ou par le « macaronique », latin francisé, dans le « Dictier de Tournay » du même auteur.

> [...] Fabriquié fut son chétif corpuscule
> Pour vascule être au sarnet sublimé ;
> Opulentule est de mainte macule,
> Car en lui gît l'intrinsèque obstacule [...]
>
> Avant 1483.

Le brouillage de la syntaxe est réalisé dans les « fatras », « possibles » ou « impossibles », comme chez Guillaume Crétin, où la recherche préalable de l'homophonie conduit à des effets de coq-à-l'âne. Le détour allégorique est aussi fréquemment pratiqué en tant que « fiction » d'une image à la fois picturale et conceptuelle. Souvent le bestiaire allégorique a des clés politiques évidentes, car tout le monde sait, par exemple, que le lion est l'emblème de Venise (Jean Marot). Mais l'allégorie présente aussi un rapport étroit avec le songe, dont elle est le vecteur favori. Il faudrait en outre distinguer entre les allégories génériques, comme Dame Rhétorique ou Dame Peinture (Lemaire, *la Plainte du Désiré,* 1504), et les allégories psychologiques, comme Prudence et Justice (*les Lunettes des Princes,* 1461-1464). Brouillage du sens enfin par l'érudition et la mythologie, grâce à l'utilisation d'Ovide et de Virgile. Le « Dictier poetical » de Jean Robertet contient presque autant de mythologie qu'une ode pindarique de Ronsard : la notion de poésie inclut déjà ce type d'obscurcissement.

Le langage comme jeu. Paul Zumthor a mis en évidence la relative autonomie du langage utilisé par les rhétoriqueurs, par rapport au contenu ou au sujet du texte. Même si l'on peut considérer à juste titre, avec Pierre-Yves Badel, que la virtuosité est une forme de mise en relief, il est néanmoins certain que l'accent et l'attention se déplacent vers cette technique. Les Arts de seconde rhétorique (comme celui de Pierre Fabri) se soucient de donner des recettes et exemples d'un bon métier.

Jeux de nombres. La forme litanique peut être considérée comme un genre de type « x + 1 », et le travail métrique est aussi un jeu de contrainte numérique. Les rhétoriqueurs ont essayé beaucoup de combinaisons métriques, avec leurs possibilités de rimes. La restauration de l'alexandrin par Lemaire apparaît ainsi comme le résultat d'une de ces recherches, de même que la réforme de la coupe féminine et la création de nouveaux types strophiques. L'« ouvroir » des rhétoriqueurs semble bien être le magasin des générations poétiques qui suivent.

Les essais d'harmonie imitative montrent que la musique est toujours modèle et concurrente, notamment chez Molinet (*Art de rhétorique vulgaire,* vers 1480) et Lemaire. La voix est tenue pour une musique naturelle, contrairement aux instruments, et justifie l'imitation de procédés musicaux : rimes internes, allitérations, assonances, font figure de contrepoints. D'où la grande fréquence de rimes que nous qualifierions de « faciles », comme la rime étymologique ou dérivée. La mode n'est pas encore de jouer sur l'opposition entre sens éloigné et forme phonique proche. L'effet phonique ou graphique recherché ne se focalise pas sur la rime, mais sur les effets de rythme possibles.

Jeu et travail. Ces auteurs revendiquent, outre l'inspiration, la reconnaissance de leur labeur. Il n'est pas question de masquer l'« art », aussi peu en prose qu'en poésie. Celle-ci utilise aussi des modèles de raisonnement, soit rhétorique et ornemental dans le style cicéronien, soit dialectique et syllogistique, d'après Aristote. Beaucoup d'œuvres en vers, et particulièrement celles qui se veulent morales, sont des démonstrations ornées d'interrogations oratoires, apostrophes, invocations, etc. Elles prennent la forme de débats à caractère didactique. Le « débat » sur les femmes intéresse aussi les rhétoriqueurs : *la Vrai disant Avocate des Dames* (1506) de Jean Marot traite ses adversaires de « sophistiqueurs », dans un style lourd et cicéronien. La déploration est aussi un thème favori pour débattre des avantages et désavantages de la mort : il suffit de voir ce qu'en fera Rabelais dans le « Deuil de Gargantua » (*Pantagruel,* 3).

L'appel au destinataire. L'auteur, qui se nomme encore l'« acteur », en multipliant les signes énigmatiques et les moyens de les résoudre, en argumentant sans cesse, prouvant, blâmant, vitupérant, jouant, présente au lecteur une demande de connivence en même temps que de lecture. Ce n'est pas un hasard si cette époque voit naître aussi le genre nouveau de l'épître, à l'origine imité des *Héroïdes* d'Ovide : même si le destinataire est fictif, on peut dire que le texte des rhétoriqueurs est une sorte d'épître, adressée à un pair, à un lecteur « bénévolent », ou à la postérité. Il est actuel, marqué par les turbulences de l'époque et de l'Histoire.

La littérature « festive »

La postérité des rhétoriqueurs. Les grands rhétoriqueurs ont manié le langage de façon ludique soit pour mieux persuader, soit pour le plaisir du texte, introduisant dans ce dernier cas à l'égard du sujet traité une distance que l'on peut rapporter à l'esprit festif. Marot jouera ainsi avec la chose littéraire dans une partie de sa production, tout comme certains de ses contemporains « évangélistes », Victor Brodeau, Hugues Salel, François Habert, et en latin Guillaume du Bellay. Mais ce groupe de la génération de 1520-1540 essaiera de donner une plus grande impression de facilité, d'effacer ce labeur si manifeste de leurs prédécesseurs. L'esprit festif s'accorde alors davantage les possibilités de l'implicite.

Il s'agit encore d'une littérature de cour, mais qui perd son aspect de conseil. La morale est enseignée aux sujets, non plus aux rois. La littérature destinée à la cour se fait légère, brève, circonstancielle ; même pour réclamer ses gages, il ne faut pas en avoir l'air ; écrire sur des événements princiers reste une forme de contrainte à laquelle se plient Bertrand de la Borderie, Claude Chappuys, Mellin de Saint-Gelais (non sans ironie). Entrées royales, fêtes de cour deviennent de plus en plus matière à compositions de charme, avec les emblèmes envahissants, les derniers rébus (ils passent pour « gothiques ») et les descriptions qui en sont faites, comme dans la *Sciomachie* de Rabelais (1549), intéressante de ce point de vue : l'écrivain est l'œil du spectacle et donne à la fête son éclat à la fois artificiel et humaniste.

Les jeux de société suscitent toute une littérature sans engagement réel ni sérieux : ventes et demandes d'amour, devinettes fondées sur des métaphores ingénieuses ou des paradoxes, « venditions » où l'on doit trouver la rime puis improviser. Dans cette atmosphère d'enjouement détaché, « courtisan » au sens de Castiglione, se développe la nouvelle poésie amoureuse, un pétrarquisme déjà amoindri par la fin de l'idéologie courtoise.

L'esprit carnavalesque. Les études de Mikhaïl Bakhtine ont fait connaître cette forme d'esprit particulièrement florissante au début du XVIe siècle, et qui a ses modalités littéraires. On peut soutenir que la pratique excessive des rhétoriqueurs en relève entièrement, mais il semble que le fait de jouer avec le langage ne suffise pas à donner un texte « carnavalesque ».

La littérature dite « populaire » ne comprend pas seulement les traces de culture populaire que l'on peut retrouver dans les contes, les chansons, les fables d'Ésope popularisées et les proverbes, mais aussi la collecte, la transcription et la restitution de telles formes par les savants humanistes eux-mêmes. Le début du siècle est un moment privilégié pour la complicité entre culture savante et culture populaire : en effet, malgré le caractère artificiel de ses études, l'humaniste a été en contact avec la culture villageoise pendant son enfance le plus souvent rurale, et il n'a pas encore pour elle un mépris qui sera fréquent par la suite. Noces, fêtes de printemps ou de solstice perpétuent d'anciens rites païens qui feront office de contre-culture mais qui à ce moment-là s'accommodent des exigences chrétiennes. Les humanistes peuvent avoir une attitude de collecteurs attentionnés pour les contes et surtout les proverbes dont le philosophe Bovelles fera un recueil. Festive, cette littérature le devient quand elle se teinte d'ironie ou d'esprit parodique. Contes de bonne femme récités à la veillée ou rites de carnaval sont aussi des modes d'expression qui s'opposent au temps de l'oppression et du travail.

Le comique carnavalesque est, dans ses formes littéraires, affaire de clercs. Issu des « fêtes de fous », « fêtes de l'âne » et réjouissances de Mardi gras, il a donné naissance, dès le XIIIe siècle, à une littérature du non-sens, en prose ou en vers. Fatras et fatrasie engendrent naturellement le procès Baisecul-Humevesne dans le *Pantagruel,* et le coq-à-l'âne marotique. Les sermons joyeux perpétuent le principe de la perversion des textes canoniques en gardant les structures rhétoriques ; souvent ces textes sont susceptibles d'une lecture politique dont nous avons oublié la charge subversive. Ils venaient, tout comme l'organisation des carnavals dans les bourgs et les villes, non seulement du peuple des campagnes mais de la classe moyenne et de sa jeunesse frondeuse. La tendance à donner une place de plus en plus grande à la revendication corporatiste provoquera une répression d'autant plus ferme qu'elle s'effectuera pendant les guerres de religion.

La narration truculente ne s'arrête pas avec Rabelais : en 1590, l'humour notarial du *Formulaire fort récréatif de Bredin le Cocu,* de Benoît Du Troncy, continue la fête linguistique rabelaisienne, mais à cette époque l'élément populaire est rejeté par les bons esprits en deçà du style « bas ».

Le théâtre est certainement le lieu où se réalise le mieux la fusion de toutes les tendances festives de cette époque. Dans les parties comiques des Passions et Moralités, assez nombreuses, où les diables profèrent des obscénités impunies ; dans les farces bien entendu ; dans les soties, souvent écrites par des rhétoriqueurs (Gringore) et jusque dans les premières comédies humanistes qui, quelles que soient leurs prétentions, laissent une place honorable à l'élément farcesque.

Spécificités lyonnaises

L'atmosphère intellectuelle

Lyon, le « second œil de la France » selon Lemaire, possèderait une « école » littéraire née de conditions favorables et distinctes de celles qui produisent les courants parisiens. La situation de la ville en fait un lieu de transit important, comme une étape obligée entre l'Italie et l'Allemagne rhénane. Il y règne un cosmopolitisme dominé par les Italiens dont beaucoup se sont installés comme financiers, et la Cour y fait de nombreux séjours. Lieu de passage des gens et des marchandises, négociatrice du luxe, la ville est cependant ouverte aux contradictions qui la font riche de possibilités diverses.

L'imprimerie. Lyon commerçante se spécialise dans les livres qui se vendent : livres religieux, puis livres calvinistes ; littérature « populaire » surtout, car Lyon peut fournir une grande partie de la littérature narrative disponible jusque dans les années 1530, avec les romans italiens et espagnols. Caractéristique de cet éclectisme est le *Parangon des nouvelles honnêtes et délectables* (1531) réalisé par des libraires-imprimeurs : c'est un florilège destiné à plaire à une clientèle désireuse de se raffiner au contact de la narration à l'italienne. Les traductions sont nombreuses car Lyon, n'étant pas une ville universitaire peuplée de clercs, a une préférence pour le français. La ville est bien placée aussi pour diffuser les livres illustrés qui traversent aisément les frontières linguistiques.

La liberté. Sans parlement et loin de Paris, Lyon bénéficie d'une tolérance appréciable quant aux opinions nouvelles. Elle verra passer beaucoup d'auteurs suspects comme Rabelais, Marot et Dolet avant de se trouver ligueuse et favorable aux Espagnols pendant les guerres. La diversité des opinions est imitée par la diversité des courants littéraires qui font que l'école lyonnaise ne se réduit pas au seul groupe poétique constitué autour de Maurice Scève entre 1540 et 1560. Les néolatins forment un ensemble important avec Dolet, dont la veine satirique est beaucoup plus marotique que scévienne ; avec Jean Visagier et Nicolas Bourbon, poètes légers et académiques : les *Nugae* (« bagatelles », 1533) du dernier portent bien leur nom ; Christophe de Longueil, le cicéronien visé par Érasme ; Simon de Villeneuve, l'un des auteurs possibles du blasphématoire *Livre des trois imposteurs,* jamais retrouvé, mais qui aurait été imprimé vers 1540 et qui présentait comme imposteurs Moïse, Mahomet, et Jésus ! On reconnaît l'esprit sceptique qui se retrouvera dans *les Discours fantastiques de Justin Tonnelier,* de Gianbattista Gelli, dont la traduction est parue à Lyon en 1566. La tradition utopiste italienne pénètre après 1550 à Lyon avec le significatif *Alector* (1560) de Barthélemy Aneau, qui témoigne aussi de la vitalité du courant occultiste et alchimiste, après le passage d'Agrippa en 1531 et le souvenir du « mage » Simon de Pharès.

L'absence d'université est plutôt un bienfait car la littérature y est moins mythologisante, moins remplie d'érudition pédante comme elle pouvait l'être ailleurs au milieu du siècle, moins gâchée de hargne contre la scolastique dont elle se libère progressivement et sans heurts. Ici, pas de rupture radicale avec un Moyen Âge honni. La société intellectuelle se trouve dans les imprimeries, particulièrement chez Sébastien Gryphe dont Guillaume Scève, parent de Maurice, dirige les publications. Elle a des contacts avec les collèges, dont celui de la Trinité, réorganisé par Symphorien Champier en 1527, et où enseignent Bade et Charles Fontaine.

L'atmosphère littéraire baigne les « salons » tenus par les riches marchands mécènes et où se retrouvent poètes et musiciens. Les femmes-poètes y ont leur place, parfois centrale : Louise Labé, Marguerite Du Bourg, savante en mathématiques et probable inspiratrice de Pontus de Tyard, Pernette du Guillet, amie de Maurice Scève. Ces poétesses ne publient guère, cédant à une discrétion recommandée à l'époque dans la pratique féminine de l'art.

Fructification des héritages

L'apport traditionnel français est remodelé par Symphorien Champier dont l'œuvre composite reflète bien l'éclectisme lyonnais, avec morale, science, néoplatonisme, etc. — et par Antoine du Saix —, dont *l'Éperon de discipline* (1532) au titre imagé est un « doctrinal » d'éducation intéressant pour son idéal culturel assez voisin de l'humanisme, pour son style vivant et proche de Rabelais, et par la place qu'il accorde au divertissement et à la musique (en quoi il s'oppose à Érasme).

C'est à Lyon aussi que l'on publie une réplique malveillante à la *Défense* de du Bellay, le *Quintil Horatian* (1550) attribué à Barthélemy Aneau, et qui met en question les excès de la nouvelle école. Marot en effet est bien accueilli à Lyon, qui a ses marotiques Charles Fontaine et Eustorg de Beaulieu, lors de son séjour.

La tradition italienne était déjà présente dans le ficinisme de Champier, mais c'est surtout la redécouverte de Pétrarque qui fait de Lyon la première citadelle du pétrarquisme.

L'impulsion est donnée pour un siècle de lieux communs amoureux, diversement interprétés selon les auteurs, qui modulent à leur gré les éléments suivants : l'*innamoramento,* toujours subit, et comme une révélation — la description de la dame — les variations sur son nom (Laure, laurier, aurore) — l'inéluctabilité de la souffrance — le motif de la mort amoureuse — le rapport inégal entre les partenaires — le désordre intérieur traduit par des antithèses. Le pétrarquisme met aussi à la mode une forme, le sonnet (*cf.* p. 89). Ces éléments, mêlés à des restes de vocabulaire religieux du culte marial et à la mystique néoplatonicienne s'inspirent aussi d'une œuvre italienne à succès, les *Dialogues amoureux* de Léon l'Hébreu (1535) traduits en 1551 par Pontus de Tyard qui vient d'écrire les pétrarquistes *Erreurs amoureuses.* Antoine Heroët, l'auteur de la *Parfaite Amie* (1542) qui est de la même veine mais sans mythologie ni sensualité, fait à Lyon un séjour qui marque de son influence les poètes locaux.

La réunion de ces apports contribuera à l'éclosion d'œuvres originales dont la plus remarquable est sans doute la *Délie* de M. Scève (*cf.* Figures p. 142) ; autour de lui, Pernette du Guillet fait une tentative formellement intéressante, trop soumise cependant à ses modèles. Louise Labé se détache par la construction ferme de ses sonnets, l'habileté syntaxique de la phrase découpée par le vers, la hardiesse de ses antithèses et surtout la matière charnelle de sa lyrique amoureuse, qui l'éloigne de Scève et d'un pétrarquisme trop éthéré :

> [...] Lorsque souef plus il me baiseroit,
> Et mon esprit sur ses lèvres fuiroit,
> Bien je mourrois, plus que vivante, heureuse.
>
> Sonnet 13, *Œuvres,* 1555.

L'amour ainsi conçu comme plaisir, plus orienté vers les sens que vers l'amour spirituel, était déjà le thème des *Contes amoureux* de Jeanne Flore (1530), laissant penser que le courant féminin de la littérature lyonnaise se distingue radicalement de l'orientation vertueuse donnée par Marguerite de Navarre.

Les *Discours des Champs Faez* de Claude de Taillemont,

écrits vers 1550 dans une sorte de prose poétique, tentent d'adapter Bembo [*les Azzolains* (1505)] et son pétrarquisme au public lyonnais : malgré l'inconsistance de son récit encore marqué par un style allégorique, ce texte témoigne d'une réelle fascination pour les arts plastiques, architecture et peinture, et d'un courant courtois d'importation italienne. Enfin, il est une des premières manifestations de la bientôt florissante « histoire tragique ».

Pourtant le modèle plastique n'est pas prédominant à Lyon, où poètes et prosateurs s'intéressent surtout à la musique. À cause du prestige des académies italiennes et de la pratique des salons lyonnais où, plus qu'à Paris encore, la musique réunit les artistes. Le salon de Louise Labé en est un exemple, tout comme ses sonnets. Bien qu'il ne soit rattaché à aucun de ces cercles, Eustorg de Beaulieu est aussi obsédé par le modèle musical et tente en vain de faire éditer à Genève des traductions des *Psaumes* avec leur musique. Si Maurice Scève semble se référer à une conception de la musique comme « nombre », dans la tradition pythagoricienne, c'est Pontus de Tyard qui envisage avec le plus d'insistance la liaison entre la poésie et la musique des « sphères », le mythe d'Orphée vivifié par Ficin et le prestige du roi-poète David, dans le *Solitaire premier ou prose des Muses et de la fureur poétique* (1552) : à cette époque, il utilise déjà les thèmes ronsardiens et s'est rallié à la Pléiade, comme Guillaume Des Autels qui se situait entre Marot et Scève.

La Pléiade

Le groupe littéraire (1549-1560)

Le nom de Pléiade est une appellation commode qui cache mal la fragilité réelle du groupe. Plus que dans les réalisations, c'est dans les intentions qu'il faut sentir l'esprit qui anime Ronsard et ses amis. De plus, il y aura des ronsardisants qui n'appartiendront pas au groupe. La base de celui-ci sera constituée de Ronsard, du Bellay, Jodelle, Belleau, Baïf.

La Brigade. Ronsard, qui a voyagé en Italie avec l'ambassadeur Lazare de Baïf, en rapporte comme d'autres la nostalgie des académies. La Brigade sera réunie au collège de Coqueret où il suit avec Jean-Antoine de Baïf les leçons de l'humaniste et poète Jean Dorat, en 1544. Mais Ronsard a déjà rencontré du Bellay et Jacques Peletier du Mans en 1543 : ce dernier produira en 1555 un *Art poétique* plus significatif sur les positions littéraires du groupe que l'*Abrégé* (1565) de Ronsard. La Brigade ne sera complète qu'avec l'apport des élèves du collège de Boncour, où professent Marc-Antoine Muret, helléniste et latiniste brillant, et Georges Buchanan : ce sont Jodelle, Jacques Grévin, Rémi Belleau, Jean de La Taille, Jean de La Péruse. Après 1550, se joindront Des Autels, Tyard, Jacques Tahureau et Olivier de Magny, l'amant infidèle de Louise Labé. Ronsard baptisera Pléiade ce groupe savant en 1553.

La *Défense et Illustration de la langue française,* de Joachim du Bellay (1549) fera figure de manifeste hardi par les exclusions et les goûts qui s'y déclarent. Elle tente de répondre à l'*Art poétique* (1548) de Thomas Sébillet qui se situait dans l'honnête tradition des Arts de seconde rhétorique. La *Défense* vient après la défense de la langue italienne par Speroni, que du Bellay reprend en partie. Son progressisme pourfend les purs néolatins, « reblanchisseurs de murailles », pour prôner une véritable littérature en langue vulgaire, imitant les modèles antiques directement en français. L'aspect élitiste du programme est accusé, laissant dans l'ignorance le peuple vulgaire et sans lettres. Mais cette prise de position tapageuse sera modifiée par la suite.

Une autre exclusion concerne la littérature médiévale, sauf pour les « vieux romans » et les vieux mots qui ont le statut d'antiquités ; on se doute en effet que le motif de la rose chez Ronsard n'est pas étranger au roman du même nom. Mais ce sont surtout les « épiceries » *(sic)* des rhétoriqueurs, ballades, rondeaux et chants royaux, qui sont frappés d'anathème car ils ne peuvent avoir de noblesse. Non attestés par une tradition, nés de rien et monstrueux, ils sont l'exemple de la poésie non inspirée. Cette position est très clairement idéologique et partiale, car les « beaux sonnets » pouvaient encourir les mêmes reproches. Un mépris aristocratique s'exerce aussi à l'encontre du théâtre de l'époque, celui qui était joué à l'hôtel de Bourgogne, passions, moralités et farces, indignes désormais de l'attention des lettrés.

Les modes

Les genres que pratiquent les poètes de la Pléiade illustrent parfaitement un système d'actions et de réactions, d'essais et d'erreurs corrigées qui montrent aussi la créativité du genre poétique sous Henri II. Les odes sont d'abord écrites contre les « mignardises d'amour » d'un Saint-Gelais. Suit une courte période pétrarquiste, dont la teneur est assez différente du pétrarquisme lyonnais, qui avait plus de profondeur et plus d'affinité avec le néoplatonisme. Éléments importants du pétrarquisme, l'élévation morale produite par l'amour et le respect absolu de la dame disparaissent ou s'amoindrissent chez les auteurs de la Pléiade au profit d'un érotisme plus réel. Souvent, les images platoniciennes sont disséminées çà et là, comme le *topos* de « l'amour lumière des yeux de la dame qui ordonne le chaos du cœur de l'amant » : elles étaient chez Scève, on les retrouve chez du Bellay, Ronsard, Pontus, et même Tahureau qui les oriente dans un sens lascif.

Une réaction anti-pétrarquiste suit cet engouement, dont Ronsard dénoncera le caractère hyperbolique. Pontano et surtout Jean Second, poètes néolatins, fournissent un nouveau motif, le « baiser », qui rejoint le thème épicurien de la mort par le baiser et la progression plus charnelle vers la jouissance. Dans les poèmes qui ne sont pas ouvertement sensuels, une opposition paradoxale prendra place, entre une expression idéaliste de l'amour, conventionnelle et déjà précieuse, et la nature du désir qui la sous-tend. Le platonisme subsistera donc à l'état d'images perverties, comme dans le cas du mythe de l'androgyne utilisé pour exprimer l'union sexuelle. Cette dissociation sert de prétexte à la dénonciation de la « feinte » des amants par Jodelle, laquelle ressemble de bien près à la « feinte » de la fiction poétique : des mots pour plaire et séduire. Chez Jodelle et chez d'autres, cette dénégation intervient trop souvent à titre de prétérition, pour protester de l'absolue sincérité... Il reste que le problème de la vérité se pose avec acuité dans le cas de la poésie amoureuse car le factice et l'inutile guettent. L'influence de la poésie néolatine est à cet égard peut-être néfaste, car c'est elle qui avait mis à la mode des recueils d'*Amores* destinés à une maîtresse-prétexte, de toute façon exclue par la langue de ce monde masculin : poésie artificielle, à l'érotisme léger et sans conséquence (Salmon Macrin).

Après cet accès de sensualité, s'installe autour des années 1560 une poésie du désir, plus stable, génératrice d'une expressivité particulière, mais non exempte de convention. L'inconstance amoureuse, qui pouvait être celle de la dame, et les chauds et froids provoqués par un amour excessif, rejoignent l'inconstance générale du monde et l'instabilité des choses humaines ; une variation importante est proposée par Jodelle, avec l'inconstance de l'amant qui, pour s'accorder à l'universelle diversité, s'octroiera le droit de changer d'objet.

Une haute idée de la poésie

Le thème du poète inspiré n'est pas nouveau, mais la doctrine de la « fureur » poétique empruntée à Platon *(Phèdre)* et développée par Ficin lui donne une dimension nouvelle. D'une part, elle semble restreindre la divinité au genre poétique seul : les poètes de la Pléiade se l'approprient et restreignent de ce fait ce qui appartenait indifféremment aux auteurs de prose ou de vers, du temps des rhétoriqueurs. Quant à la nature réelle de cette inspiration divine, à ses effets et propriétés, ils varient suivant les auteurs et dépendent de l'attitude de chacun devant le travail d'écriture.

Jodelle est investi par le *daimon,* si l'on en croit Louis Le Caron (*Dialogues,* 1556). Le « Voyage d'Arcueil » qui consacre son triomphe dans la tragédie est couronné par la « pompe » très paganisante d'un bouc, façon de signaler la nature plutôt dionysiaque de son inspiration. Chez Ronsard en revanche, elle se prétend apollinienne : le poète cherche à retrouver la nature primitive de l'inspiration, le don prophétique, comme au temps où la poésie n'était que « théologie allégorique ». Chez Jodelle ce don se traduirait par l'originalité, chez Ronsard par un retour aux sources.

Les fureurs ficiniennes (prophétique, religieuse, poétique, amoureuse) tendent à se confondre, d'autant plus que la poésie peut subsumer à elle seule les trois autres. De plus, l'amour tient souvent lieu d'inspiration, et le mécanisme de l'écriture peut être décrit comme celui de l'*innamoramento* dans l'impression d'avoir été touché par un dieu. La contrainte poétique (vers, pieds, genres) joue le même rôle de révélateur que la contrainte amoureuse, ses refus fictifs et la négation interne à l'amour qui suscite le désir. Ces superpositions se traduisent dans le statut pluriel de la Muse : en principe divinité, elle s'oriente vers l'inspiratrice confondue avec la dédicataire par ses qualités féminines, et la « philosophie », savoir possédé par le poète et réalisé dans l'« invention ».

La poésie comme imitation

Dans l'*Abrégé de l'art poétique* (1565), Ronsard semble tenir au modèle pictural quand il parle des « couleurs naïves » de la poésie. Or les prises de position théoriques et les pratiques sont à distinguer.

Esthétique de la diversité : la tendance maniériste. Le sac de Rome (1527) produit un phénomène capital pour l'art de la Renaissance dans les autres pays, car les peintres et sculpteurs italiens émigrent. C'est ainsi que l'on trouve à Fontainebleau le Rosso, le Primatice et Nicolo dell'Abate. De ce fait, il sera très tentant de penser à une communauté de vision entre les œuvres de ces artistes dans les années 1540-50 et les productions littéraires contemporaines ou postérieures, comme celles de la Pléiade, dans la mesure où ces poètes ont pu voir ces réalisations picturales. En dehors des textes qui tentent la description d'un tableau, l'essentiel de l'expression commune aux deux formes d'art serait le double niveau de réalisation : d'une part énoncer le sujet traité (souvent religieux, mythologique et la plupart du temps stéréotypé) ; d'autre part, affirmer nettement sa « manière », qui se situerait dans la qualité de l'érudition, l'habileté et la recherche. Le maniérisme serait moins l'affirmation d'un style défini par des caractéristiques précises (courbes, couleurs pastel...) que le désir de prouver la nécessité du style. En ceci, le maniérisme plastique a beaucoup de points communs avec les recherches théoriques et pratiques des poètes et rhétoriciens. Dans la description, une convergence entre littérature et peinture à cette époque serait la fragmentation du sujet décrit, comme si les artistes étaient incapables d'une vision totalisante, ce qui ne veut pas dire incapables de voir. La notion de « paysage » en particulier semble lente à naître : ses descriptions, comme dans la *Savoye* (1572) de Jacques Peletier, sont plutôt des collages de détails dont l'ordre ne semble pas correspondre à un ordre narratif ou perceptif. En peinture comme en littérature, plans et points de vue se mélangent. La diversité, dans ce cas, demande au lecteur comme à celui qui regarde un tableau maniériste, une essentielle mobilité et une indifférence relative à l'ensemble : elle est en relation avec une vision déformée du réel, quelquefois rendue par la technique de l'anamorphose.

Même si les motifs sont des lieux communs, l'abandon d'une « disposition » rigide et commune favorise les relations individuelles entre l'énonciateur et le récepteur. Chez Ronsard, les odes suivent d'abord la structure pindarique, mais celle-ci est bien lâche en comparaison des allongements, digressions et fantaisies du poète qui compose tout de même à sa guise.

Chez Aristote, l'imitation est plutôt musicale et rythmique, car le rythme imite à la fois les abstractions de l'esprit et l'harmonie cosmique. Chez Dorat, maître de Ronsard, la prééminence du modèle musical vient d'un goût spéculatif partagé par les auteurs qu'il fréquente : Blaise de Vigenère, les frères La Boderie. Cependant, on connaît les rapports réellement étroits qui unissent musique et poésie au XVIe siècle : nombre de poèmes étaient écrits pour être chantés, et les sonnets de Ronsard ont souvent été mis en musique. Mais seuls la « voix de ville » et l'air de cour permettent de rendre la qualité poétique du texte. La tradition musicale de l'époque, essentiellement polyphonique, laisse peu de place au sens et à l'expressivité verbale. À la fin du XVIe siècle et au début du XVIIe siècle, on verra au contraire se développer une tendance musicale plus favorable au texte : l'Académie de Galilei, à Florence, marquera la fin de l'idéologie contrapuntique avec la naissance de l'opéra.

Le principe de l'autonomie des voix s'affaiblit au profit d'une convergence qui met en rapport étroit sens et expression musicale et rend plus évidente cette nouvelle-née profane des années 1550, la passion.

Les poètes de la Pléiade ne désirent pas seulement que l'on mette en musique leurs poèmes ; leur ambition est de retrouver la « lyre » antique, fondée sur des vers mesurés avec alternance de longues et de brèves. Même si cette recherche était rendue utopique par le système phonétique du français, du moins Baïf a-t-il eu le mérite de l'expérimenter dans son Académie de musique et de poésie (1570), devenue plus tard Académie du Palais. Cette conception détache l'idéal poétique de la notion d'harmonie fondée sur des répétitions et tente d'établir le rythme d'un vers sur une autre base. D'autres auteurs, comme Nicolas Rapin, Étienne Pasquier et Jean Passerat tenteront aussi les vers mesurés à l'antique, retournant par là à une époque antérieure aux rhétoriqueurs et à une oralité un peu archaïque.

Texte clos, texte ouvert

La Pléiade ne pratique pas l'hermétisme scévien, mais ressent la nécessité de se détacher du vulgaire. La référence à la poésie orphique est fréquente, mais superficielle, et ne correspond pas à une pratique d'écriture. Cependant, deux moyens seront utilisés pour fermer autant que possible la poésie aux non-initiés, ce qui rejoindrait le langage-énigme des rhétoriqueurs, si l'intention ludique y était.

La mythologie. « S'ils ne sont Grecs et Romains », prévient Ronsard, les lecteurs ne comprendront pas. La Pléiade utilise tout son savoir mythologique acquis non seulement auprès des professeurs-humanistes mais puisé dans les recueils spécialisés (Conti, Giraldi), pour former dans ses textes un système de renvois à un savoir supposé connu. Comme il n'est pas possible de tout redire, dans les poèmes courts, le procédé est le plus souvent allusif, avec ces entrées que sont les noms propres.

La mythographie étant prolixe et non systématique, les poèmes se réfèrent à plusieurs récits différents qui troublent le sens précis du texte : sa fermeture à l'ignorant est donc en même temps une « richesse » pour le savant qui éprouvera le plaisir des connotations culturelles.

> Errant par les champs de la Grâce
> Qui peint mes vers de ses couleurs,
> Sur les bords Dirceans j'amasse
> L'élite des plus belles fleurs [...]
>
> Ronsard, « Ode à M. de l'Hôpital ».

La fonction réelle de l'allusion mythologique varie significativement suivant les auteurs : Baïf n'en fait pas un ornement, mais utilise la fable comme un *exemplum,* une aventure dont la valeur est celle d'un archétype ; Jodelle et Nicolas Denisot optent pour une signification symbolique.

> La Roche du Caucase, où du vieil Prométhée
> L'aigle vengeur sans fin va le cœur becquetant :
> Et la Roche ou Sisyphe en vain va remontant,
> Lâchant toujours au haut sa pierre en vain portée,
>
> Vont à plusieurs amants, dont l'âme est tourmentée,
> Ou bien se feint de l'être [...]
>
> Jodelle, *Amours,* XXV, 1574.

Chez Ronsard, elle est rarement pur décor, mais souvent détour : non nécessaire à l'architecture du poème en tant qu'argument, elle se révèle indispensable *a posteriori* par le réseau d'images qu'elle met en relation et par les distorsions que l'auteur lui fait subir. Après 1560 cependant, les fables et « mythèmes » ont le sort des images platoniciennes : devenues lieux communs éloignés des anciennes croyances, elles sont mobiles et interchangeables, espaces textuels qui ne prennent leur sens que dans le contexte ou dans le système d'échanges hyperboliques et laudatifs qui sont la loi du moment. En admettant que Ronsard croie encore à son sacerdoce apollinien, l'utilisation de la figure d'Hercule à la gloire d'Henri III laisse des doutes sur la sincérité de ces mises en mythes.

> [...] Quel sujet ne seroit pieteux et charitable
> Dessous un Roi dévot... [...]
> Coupant comme Hercule l'Hydre infame des vices
> Par l'honnête sueur des poudreux exercices ?
> « Panégyrique de la Renommée », 1579.

Langue et style. Il y a une répugnance, aux débuts fougueux et élitaires de la Pléiade, à employer le mot propre. Ce n'est pas dans la métaphore recherchée que la clôture du texte se réalisera, mais dans l'éloignement des tournures communes. L'emploi de périphrases maniérées est courant et particulièrement obscur dans le cas des antonomases mythologiques : il est encore facile de reconnaître Jupiter dans « le Père foudroyant », moins de deviner Esculape dans « le Barbu » ; ce type d'expression concourt à composer ce que Ronsard appelle le « fabuleux manteau » de la poésie, un processus de couverture du texte plutôt que d'ésotérisme. Croyant ainsi réitérer l'ancienne poésie voile de la philosophie, Ronsard justifie en pratique des choix esthétiques réalisés à partir d'une idéologie de l'écart. La prétendue surabondance ainsi obtenue l'est aux dépens d'un langage commun qu'heureusement le « style bas » des œuvres postérieures vient défendre. De même, néologismes et archaïsmes placent l'accent sur la différence, tentatives audacieuses de forcer l'usage de la langue, qui parfois réussiront.

> [...]
> Nouveau Sylvain, j'*allenterois* (= je calmerais) l'ardeur
> Du feu qui m'ard d'une flamme trop vive.
> Ronsard, *Amours,* CXLV, 1552.

En compensation, le texte ainsi voilé aux yeux profanes peut s'éclairer par d'autres techniques : la redondance, par laquelle le poète multiplie les effets de sens rythmiques et sémantiques (répétitions, anaphores, allitérations, accumulations, etc.) ; redondance à plus grande échelle quand le lecteur retrouve d'un texte à l'autre des motifs semblables, les mêmes allusions et des procédés identiques. La manière du poète, *a priori* obscure, condamne le lecteur à un rôle actif. La glose externe servira aussi de témoin à la *copia* du texte : les *Amours* de Ronsard seront commentés dès

1553 par Muret, puis par Rémy Belleau. Le rôle du premier est d'expliciter les fables et de donner leurs sources, en montrant aussi sa propre science. Quant au second, il pratique un commentaire plus esthétique et libéré de la doctrine. Ce retour presque immédiat sur l'œuvre, pour en diminuer l'effet de fermeture, est significatif de la conception du travail poétique pour la Pléiade : il se produit du fait même de ses défauts et de ses excès, occasions d'un nouveau texte.

Résistances

Contre une mythologie surabondante et païenne, les critiques ne manquent pas de se manifester, de la part des poètes d'esprit religieux comme Théodore de Bèze et Louis Des Masures qui renient leur passé. Nicolas Denisot aura beau essayer d'engager Ronsard dans une voie plus pieuse, seul du Bellay effectuera un retour à une muse plus chrétienne. Les marotiques sont, pour d'autres raisons, réticents à la pratique d'une littérature trop savante et continuent leur production sans se préoccuper des normes ronsardiennes (Maclou de la Haye, François Habert).

La contestation venue des Lyonnais porte davantage sur la poétique, comme chez Des Autels qui critique l'emploi de la figure quand elle dit moins bien que le terme propre (*Réplique à Louis Meigret,* 1551), et comme chez Barthélemy Aneau protestant contre cette autarcie littéraire qui ne tient pas compte du plaisir du lecteur. Critique interne aussi de la part de Jodelle et Tahureau qui s'en prennent à une esthétique du vraisemblable incompatible avec la vérité. L'inspiration devrait elle aussi se christianiser, et les protestants voudraient y substituer la Grâce ; mais les choix des uns et des autres seront encore compliqués par les querelles religieuses. Si dans les années 1550 beaucoup de poètes sont plutôt favorables à la Réforme (Ronsard l'avouera, ainsi que Jodelle et Belleau), la politisation du schisme provoque des changements d'attitude importants. Le ralliement de Ronsard, trop zélé, à la cause catholique, ses invectives contre les protestants, déplacent le problème de la qualité littéraire vers celui des engagements.

La littérature de la période baroque (1570-1620)

Définitions

Le « baroque » est un concept fuyant, sans cesse redéfini par critiques et historiens de l'art ; souvent décrit en opposition au classicisme et au maniérisme, il apparaît comme une forme de sensibilité esthétique particulière aux années 1570-1640, du moins en ce qui concerne les œuvres littéraires, puisque le baroque plastique ou musical, suivant les pays, peut dépasser largement cette dernière date. Cette forme, qui serait en même temps une métaphysique, se trouvera dans des textes en opposition tant idéologique (baroque protestant de d'Aubigné et de Du Bartas, baroque de la Contre-Réforme), que philosophique : baroque mondain contre baroque chrétien. Mais elle ne concerne pas tous les textes de l'époque. L'esthétique maniériste continue à être perceptible jusque dans les années 1600-1610 après le courant néopétrarquiste.

Les divergences existent relativement à ce qui permet de distinguer le baroque de ses concurrents : pour Gisèle Matthieu-Castellani, il n'y a pas de baroque s'il n'y a pas de conscience tragique ; pour André Baïche, le baroque est d'abord une façon de faire. La tendance actuelle serait de considérer qu'un baroque sans support métaphysique se rapporterait au maniérisme : c'est supposer une dissociation trop radicale entre forme et contenu. Les formes portant aussi leur sens, elles ne sont pas obligatoirement connectées à une intention ou même à une conscience.

Il est certain cependant que les formes dites baroques correspondent à une période de crise. Le sentiment d'instabilité donne à la littérature de nombreux thèmes relatifs à la vanité et au changement apporté par le temps. Montaigne est à cet égard exemplaire, excepté qu'il assume la relativité tout en renonçant à une transcendance trop durement conquise sur le doute. Formellement, les *Essais* ne ressortissent guère à l'esthétique baroque : thématique et poétique suivent des trajets différents. La poésie dépend davantage d'une vision du monde, et en ceci les poètes protestants resteraient attachés à un point de vue catholique, fondé sur l'image et le visible.

Baroque et maniérisme : la transition néopétrarquiste

Après la période de gloire de la Pléiade, la poésie continue à vivre sur les genres mis à la mode par Ronsard, mais en les sélectionnant. Puis une nouvelle étoile se présente à la cour, le jeune Philippe Desportes, qui supplante Ronsard à partir de 1574. Ils fréquentent les mêmes salons, dont celui de la Maréchale de Retz qui, très savante et aristocratique, contribue à entretenir cet esprit précieux et pétrarquiste en se faisant appeler « Pasithée » et « Dictynne » par ces admirateurs que sont aussi Jodelle et Pontus de Tyard. Ce milieu, avec le salon de Nicolas de Neufville dominé par Madeleine de L'Aubépine, oriente la poésie dans le sens de l'artifice allié à un certain sens de la perfection technique : Desportes est réellement le maître d'une composition sur mesure, et écrit facilement pour les autres. On est loin de la sincérité passionnée de Louise Labé, loin aussi d'une vérité revendiquée par d'Aubigné dans *le Printemps* (1571). La vogue de Desportes trahit plus le goût du public que le succès de Ronsard, lequel ne se souciait guère de plaire à des courtisans sans lettres. L'aspect fabriqué de la nouvelle poésie est aussi sensible dans une œuvre du jeune Malherbe, *les Larmes de saint Pierre* (1587). Le public est amateur de mots aiguisés, d'un accès relativement facile, et favorable à l'épanouissement d'une rhétorique baroque. Le maniérisme se caractérisait par le goût de la complexité et du détour : le style de Desportes met à l'honneur une casuistique amoureuse qui n'est pas sans rapport avec la rhétorique triomphante du moment. La complexité s'organise en figures du multiple, mieux répertoriées et maîtrisées.

La sophistication à laquelle Desportes soumet son lyrisme a des origines italiennes, mais plus récentes que celles dont s'inspirait la Pléiade. Desportes est allé en Italie cultiver le néopétrarquisme du moment, le style galant inauguré par Serafino et Tebaldeo. Avec eux la littérature est un jeu de cour réservé ; les genres mineurs sont cultivés, avec un goût pour le petit et le mignard. Le langage devenu effet de style se met au service d'un sentiment reconnu comme factice.

Bref toutes vos façons, beaux yeux, m'ôtent la vie.
Hé donc pour mon salut cachez-vous je vous prie !
Non, ne vous cachez point, mais ne me tuez pas.

Les Amours d'Hippolyte, 1573.

Le premier travail des néopétrarquistes sera d'« évider » les formes ronsardiennes. Les années 1570-80 sont celles des *Sonnets pour Hélène* (1578) où le poète avait renoué partiellement avec un néoplatonisme mondain, et où la forme pouvait s'accorder avec le néopétrarquisme. Cependant les thèmes, devenus plus simples chez Ronsard, sont délaissés. Nuysement, Béroalde de Verville, de Birague, conservent la traditionnelle progression de l'amour, mais en supprimant toute sublimation, que la Pléiade avait déjà fortement atténuée : résolument plus païens et sensuels, ils suivent la « voie catullienne » de Ronsard sans l'imiter dans son évolution psychologique. Plus que jamais, le néoplatonisme est un répertoire d'images convenues, où aucune croyance n'est impliquée, ni surtout cette haute conception de la poésie de la génération précédente. Platon et Pétrarque donnent un relief vaguement philosophique au motif central de la *plainte.* En matière de poésie amoureuse, la « doctrine » est beaucoup moins utilisée, et se déplace de façon significative vers la poésie scientifique (Du Bartas, Pontus) qui, par son ambition et son sérieux didactique, forme un contraste évident avec la légèreté affectée de la poésie courtisane.

Par rapport au maniérisme, le style baroque peut être envisagé sous deux aspects :

L'exagération. Loin de s'opposer au style précédent, le baroque accentuerait des éléments déjà présents mais cette fois poussés jusqu'à une sorte de paroxysme. Le goût pour le monumental continue ce que Ronsard avait essayé dans les grandes *Odes* et les *Hymnes,* ainsi que dans *la Franciade* : de vastes poèmes-architectures avec des sujets grandioses. À ceci correspondront les grands « tableaux » des *Tragiques* de d'Aubigné inspirés des fresques de l'« Apocalypse », la littérature hexamérale en latin et en français (Du Bartas, de Gamon, Du Monin) qui raconte les six premiers jours de la Création, d'autant plus monumentale qu'elle peut s'augmenter de tout aussi vastes commentaires (Goulart, Duret, Du Monin pour Du Bartas), ou encore la copieuse production des homélies de la Contre-Réforme.

L'hermétisme relatif cultivé par la Pléiade se transforme en goût pour le singulier et l'insolite, le « curieux » au sens faible ; l'amour pour ce qui est différent n'a d'intérêt que s'il est partagé par un petit nombre d'initiés. La cour détermine le degré de singularité des objets et des formes et esthétiquement, ce phénomène se traduit par toutes les possibilités de la recherche et de la distinction. La cour devient de plus en plus autonome, enfermée dans l'attrait de la fête galante et du pouvoir, et dominée par un sentiment de supériorité certain. Le motif de l'élection particulière se retrouve dans un autre ordre d'idées chez les protestants avec le principe du poète élu de Dieu : il est appelé à dire et à témoigner non pas dans un acte décoratif et mondain, mais dans une parole à nouveau inspirée.

Le goût pour le singulier, qui complète au niveau du décor l'attrait pour le monumental, s'étend à la fascination pour le monstrueux, grâce auquel les songes racontés dans les poèmes se peuplent de démons et spectres, esprits représentatifs du désordre intérieur. La Nature continue aussi à être peuplée d'esprits, comme du temps du jeune Ronsard, mais sans l'inquiétude manifeste de l'« Hymne des Daimons ».

Le dépassement. Le style baroque apporte des innovations notables dans la mise en valeur du *mouvement*. Dans le genre théâtral, l'accent porte sur la surprise, le mouvement violent des âmes et des corps. Sans atteindre les effets extrêmes de la plus tardive tragi-comédie (encore que l'on puisse considérer comme telle la *Bradamante* de Garnier, 1582), le théâtre donne à voir ces mouvements évoluant dans un nouveau décor. À la fin du siècle commencent à se faire sentir en France les modifications du décor théâtral effectuées plus tôt en Italie : le décor compartimenté disparaît en même temps que le changement à vue. Le théâtre de distanciation propre au Moyen Âge et à la représentation des Mystères évolue vers le théâtre d'illusion : désormais, la transformation des personnages et des décors sera cachée ou bien effectuée par une opération magique à l'aide de machines : l'utilisation de l'opposition entre le caché et le montré est caractéristique de l'esthétique baroque qui joue aussi avec les dimensions extrêmes du vrai et du faux. Le poème-énigme propose une description métaphorique d'un objet : l'intérêt est d'abord dans la recherche, puis dans la surprise de la trouvaille ou du dévoilement.

> Je vis de faire à mon contraire injure,
> Qui par sa mort m'apporte tel encombre,
> Qu'enfin la mort moi-même j'en endure.
> Or devinez si je suis corps ou ombre.
>
> Pontus de Tyard, « Amour immortelle »,
> *Vers lyriques,* 1573.

Jean Rousset a déterminé par ailleurs la métaphysique baroque autour d'une problématique de l'inconstance. Elle serait « blanche » quand les auteurs manifestent qu'ils la vivent et l'assument (Durand, Lingendes, Vauquelin des Yveteaux), souvent grâce à un scepticisme de bon aloi qui prépare les libertins des années 1620. Elle serait « noire » lorsque l'instabilité du monde ne peut provoquer qu'une vision tragique, parce que cet autre groupe d'auteurs garderait la nostalgie des certitudes : Sponde, Chassignet, La Ceppède, d'Aubigné. Cette inconstance n'est donc qu'un moment, mais long et tourmenté, avant le retour à l'Un. Elle se trouve particulièrement dans la poésie amoureuse et religieuse, souvent proches, mais exclue de la poésie scientifique plus sensible à la beauté du changement : l'influence de la physique épicurienne s'y fait sentir, comme dans l'autre cas celle de la métaphysique néostoïcienne (chez Jacques de Constans, d'Aubigné, Sponde, Marc Papillon de Lasphrise).

La complexité n'est en fait qu'apparence, et mouvement subtil autour de l'unité réelle. La combinaison entre la multiplicité et le mouvement donne le motif de la métamorphose, déjà présent dans la poésie de la Pléiade, mais plus fréquent encore dans la période qui suit. Les métamorphoses ne sont pas anarchiques ni développées au hasard d'une inspiration pédante : elles participent à l'architecture du poème, ritualisée par les décennies pétrarquistes. Ni digressions, ni motifs inutiles, elles sont le centre mobile du texte qui s'organise thématiquement autour d'elles (Sponde). On est loin de l'ornement « grotesque » du maniérisme, plus ou moins rapporté de biais au sujet principal. La forte structuration rhétorique qui marque la production baroque accentue encore l'impression de recentration : volontaire et plus ou moins forcée, elle met fin à l'anamorphose d'expression et de lecture que demandait le maniérisme.

Caractéristiques littéraires

Selon Wölfflin, l'esthétique baroque marque un changement dans la nature de l'expressivité. Le traitement des figures et images y est essentiel, comme s'il y avait une correspondance entre le « tropisme » des tropes et le mouvement du monde. L'opposition ornement/argument n'a plus lieu d'être et, pour les protestants comme pour certains catholiques, la Bible est le meilleur modèle de cette conjonction. Les paraphrases des *Psaumes* auxquelles ils travaillent (d'Aubigné, La Ceppède) sont des exercices préparatoires aux procédés d'amplification et d'hyperbole à partir d'une image-mère.

Figures. Cette période est marquée par les échanges effectués entre rhétorique de la prose et rhétorique de la poésie, particulièrement dans l'art des figures.

Les figures de syntaxe privilégient tous les procédés de rupture : il s'agit de mimer l'inconstance de la passion par la segmentation de l'ordre phrastique. Asyndètes et anacoluthes donnent une allure faussement négligée à des textes en fait fermement construits.

> Mais ton Temple pourtant, ta main, ta voix sera
> La nef, l'appui, l'oreille, où ce charme perdra,
> Où mourra cet effort, où se rompra cette onde.
>
> Sponde, *Essai de quelques poèmes chrétiens,* 1588.

En prose, l'éloquence parlementaire, religieuse ou judiciaire s'autorise aussi ces ruptures calculées. Dans les deux cas, la recherche de l'efficacité est visible, qu'elle emprunte ses modèles à Cicéron (phrases longues, chevilles manifestes) ou à Sénèque (phrases brèves, épigrammatismes, sens implicites) ; l'un n'est pas plus « baroque » que l'autre, mais l'utilisation des deux formes allie précisément le monumental et le singulier.

Tropes et figures de style prennent place dans cette syntaxe à la fois tourmentée et affirmée. L'*antithèse* d'abord, qui à la suite du pétrarquisme semble adhérer au mieux à la pensée de l'inconstance. Mais antithèse de figure et pensée antithétique ne se suivent pas obligatoirement : quand Sponde termine un sonnet par « La fuite de la vie, et la course à la mort », il y a antithèse, mais grande continuité de pensée puisque l'aspect antithétique est dominé par la présence de la mort. L'*oxymore* continue la tradition des *impossibilia* (oiseaux dans la mer, feu qui ne brûle pas, etc.) et des « accordants discords » dans une expression plus dense, portée à son comble par le protestant Antoine de la Roche-Chandieu (*Octonaires de la vanité et inconstance du monde,* 1580-1583). L'*hyperbole* convient bien entendu aux passions excessives et à la qualité exceptionnelle de ceux qui les éprouvent. Épithètes superlatives, comparaisons cosmiques entretiennent un climat de sublime perpétuel facilement transposable aux extases mystiques. La méditation dévote en fera son profit, comme Chassignet dans le *Mépris de la vie et consolation contre la mort* (1594). Le *paradoxe,* issu aussi du pétrarquisme pour la description de l'état amoureux est souvent un moyen d'aiguiser la « pointe » ; devenu genre à part entière au cours du XVIe siècle, il permet au poème d'illustrer l'ingéniosité de son auteur. Le refus du mot propre prend souvent la direction de la *métonymie* (particulièrement de l'espèce au genre et inversement) par recherche de densité : le déplacement métonymique est un moyen de varier les dimensions qui s'accommode bien du mouvement et de la métamorphose (Du Bartas). Si les périphrases et accumulations continuent à se pratiquer comme techniques d'amplification et de stylisation, c'est surtout la métaphore qui concentre l'art baroque de la figure. L'explosion métaphorique qui précède la normalisation classique est sensible dans les commentaires de Malherbe sur Desportes, particulièrement exigeants sur la qualité métaphorique ; *a contrario,* nous comprenons que l'art baroque de la métaphore consiste à mettre en rapport des référents relativement éloignés, ce qui est une bonne chose selon Mademoiselle de Gournay. La notion de distance, grâce à laquelle sont possibles le mouvement, la métamorphose, l'illusion, entre aussi en jeu dans le mécanisme de la métaphore, comme les hommes prennent conscience, à la même époque, du fait que le cosmos est beaucoup plus éloigné qu'ils ne l'imaginaient. Les métaphores employées par les poètes de la Pléiade étaient souvent des lieux communs enrichis par l'acte poétique. À l'époque baroque, l'accent se place sur la métaphore qui a tendance à envahir tout le texte par sa dynamique, car elle est souvent filée, et se combine subtilement avec les comparaisons, allusions, etc. Les comparants ne sont pas non plus empruntés à un champ sémantique quelconque : il n'y a rien d'étonnant à ce que la bulle, le vent, la plume (pour l'inconstance), le sang (pour le tragique) soient les véhicules favoris de cette conscience du monde.

Images. Les images les plus significatives sont celles qui évoquent ou décrivent les métamorphoses. Si l'on peut placer le baroque sous le signe de Circé, ce sont cependant les grands suppliciés qui fournissent le répertoire de l'état amoureux : Ixion, Tantale, Prométhée, Icare, Actéon. Méduse et le Phénix sont des acteurs particuliers de la métamorphose : opérée sur l'autre par Méduse, auto-réalisée par le Phénix qui semble ainsi symboliser la création poétique toujours renouvelée après un processus de destruction. Car la métamorphose la plus importante est le passage de la vie à la mort.

> Attendant en tel point que l'Esprit éternel
> Devant un jour rentrer au monument charnel
> Sa terre purifie, et le fasse un bel Ange.
>
> Chassignet, le *Mépris de la vie...*, LXXXIV, 1594.

Les autres images des poèmes sont construites, chez Sponde et Chassignet, en fonction de cette métamorphose ultime. L'inquiétude spirituelle des poètes inspirés par le christianisme se traduit d'abord par une exaspération des images et des figures, puis, par un effort de volonté soutenu par la forme condensée du sonnet ou de la stance, la temporalité corrompue s'estompe devant l'éternité proposée par la métamorphose. La fin du texte met un terme au processus de dégénérescence, et l'éternité symbolique de l'écriture simule l'éternité des formes dans l'au-delà.

La métamorphose comme moyen d'échapper au temps peut signifier aussi la transformation ultime du converti (d'Aubigné) : registre vaste, qui va donc des vignettes emblématiques résumant une fable à la résurrection de la chair.

La littérature comme spectacle

L'influence de la cour et des salons fait que l'objet littéraire prend la valeur que ces milieux lui donnent. Il est un instrument du paraître. L'excès et la recherche étant la norme, le poète fonctionne comme un illusionniste dont le rôle est de faire croire. La poésie de cour devient inconséquente, sans rapport avec la réalité, obsédée par le souci de plaire, alors que prosateurs et pamphlétaires travaillent un discours d'une dangereuse efficacité. Discours poétique non assumé, sans objet et même sans public autre que celui de la cour. D'Aubigné un moment poète courtisan peut réagir plus tard contre ce monde désengagé, si différent du temps où le poète était conseiller, où la gloire se partageait entre le roi et lui. La cour est un jeu de rôles, mais qui sait si le reste ne l'est pas aussi ? La guerre et la mort sont alors comme un paraître suprême et s'organisent dans les textes comme des spectacles. Les tableaux tragiques ne manquent pas chez les poètes et les prosateurs : d'Aubigné influencé par Lucain connaît leur pouvoir évocateur et persuasif, mais se laisse aussi séduire par les qualités plastiques de la description. Peintres et graveurs font de même, comme dans le *Massacre des Triumvirs* d'Antoine Caron, où la mort est agencée comme sur une scène. La tragédie fait ses débuts, mais elle reste chose littéraire, et c'est après les guerres de religion qu'elle commence à être représentée avec succès. Ce climat d'inspiration morbide est entretenu par la littérature des histoires tragiques et la mise en scène des exorcismes : ils tiennent du merveilleux et du macabre des anciens mystères, et rien n'y manque, ni les acteurs, ni les diables souvent satiriques, moralisateurs ou huguenots, ni les contorsions d'un baroquisme effréné, ni le magicien ordonnateur. Le « merveilleux noir » exprime aussi la fièvre baroque.

BIBLIOGRAPHIE

CHARTIER R. et MARTIN H.-J., *Histoire de l'édition française,* Promodis, t. 1, 1982.

FEBVRE L. et MARTIN H.-J., *l'Apparition du livre,* Albin Michel, 1958, rééd. 1971.

LEFRANC A., *Histoire du Collège de France,* Hachette, 1893.

MÉNAGER D., *Introduction à la vie littéraire au XVIe siècle,* Bordas, coll. Études, 1968, rééd. 1984.

Les grands rhétoriqueurs

BADEL P.-Y., « la Rhétorique des grands rhétoriqueurs » dans *Réforme, humanisme, renaissance,* n° 18, juin 1984, p. 3-11.

GUY H., « l'École des rhétoriqueurs », dans *Histoire de la poésie française,* t. 1, Champion, 1910, réimp. 1968.

RIGOLOT F., « Textes de transition : la poétique comme marge de la rhétorique », dans *le Texte de la Renaissance,* Droz, 1983.

ZUMTHOR P., *le Masque et la Lumière. La Poétique des grands rhétoriqueurs,* Seuil, 1979.

ZUMTHOR P., *l'Anthologie des grands rhétoriqueurs,* U.G.E., 10/18, 1977.

Les pratiques littéraires humanistes

DEMERSON G., *Dorat et son temps. Culture classique et présence au monde,* Presses Universitaires de Clermont, 1983.

VAN TIEGHEM P., *la Littérature latine de la Renaissance,* Droz, 1944.

Congrès néolatin de Tours, actes du congrès, Vrin, 1980.

Pour la traduction, voir de NORTON G.P., *The Ideology and Language of Translation and their Humanists Antecedents,* Droz, 1984.

« Réécrire, traduire », dans la *Revue des Sciences humaines,* n° 180, 1980.

La littérature « festive »

BAKHTINE M., *l'Œuvre de François Rabelais et la Culture populaire au Moyen Âge et sous la Renaissance,* trad. Gallimard, 1970, rééd. 1982.

JACQUOT J., *Fêtes de la Renaissance,* C.N.R.S., 1955-1974.

Les Jeux à la Renaissance, Vrin, 1982.

« La lettre, la figure, le rébus dans la poétique de la Renaissance » dans *Revue des Sciences humaines,* n° 179, 1980.

« La littérature populaire » dans *Réforme, humanisme, renaissance,* n° 11, juin 1980. « La Facétie », *ibid.,* n° 7, 1978.

Pour la particularité de Lyon, voir *l'Humanisme lyonnais au XVIe siècle,* Presses Universitaires de Grenoble, 1974.

La Pléiade

CHAMARD H., *Histoire de la Pléiade,* Didier, 1939-1940, 4 vol.

DEMERSON G., *la Mythologie classique dans l'œuvre lyrique de la Pléiade,* Droz, 1972.

JOUKOVSKY F., *Orphée et ses disciples dans la poésie française et néolatine du XVIe siècle,* Droz, 1970.

JUNG M.-R., *Hercule dans la littérature française du XVIe siècle — De l'Hercule courtois à l'Hercule baroque,* Droz, 1966.

WEBER H., *la Création poétique au XVIe siècle en France, de M. Scève à A. d'Aubigné,* Nizet, 1956.

Lumières de la Pléiade, actes de colloque, Vrin, 1966.

Pléiade et maniérisme

DUBOIS C.-G., *le Maniérisme,* P.U.F., 1979.

RAYMOND M., *la Poésie française et le Maniérisme (1546-1610),* Droz, Minard, 1971.

VIANEY J., *le Pétrarquisme en France au XVIe siècle,* Montpellier, Toulet, 1909.

Le baroque

BAÏCHE A., *la Naissance du baroque français. Poésie et Image de la Pléiade à Jean de La Ceppède,* Publication de l'Université de Toulouse-Le Mirail, 1976.

CAVE T., *Devotional Poetry in France, 1570-1613,* Cambridge University Press, 1969.

DUBOIS C.-G., *le Baroque. Profondeurs de l'apparence,* Larousse, 1973.

HALLYN F., *Formes métaphoriques dans la poésie lyrique de l'âge baroque en France,* Droz, 1975.

MATHIEU-CASTELLANI G., *les Thèmes amoureux dans la poésie française* (1570-1600), Klincksieck, 1975.

ROUSSET J., *la Littérature de l'âge baroque en France, Circé et le Paon,* Corti, 1953, rééd. 1970.

SACRÉ J., *Étude structurale du mot « sang » dans la poésie lyrique française de la fin du XVIe siècle,* Neuchâtel, La Baconnière, 1977.

SOULIÉ M. (*cf.* biblio. Figures p. 176) et JEANNERET M., *Poésie et Tradition biblique au XVIe siècle. Recherches stylistiques sur les paraphrases des Psaumes de Marot à Malherbe,* Corti, 1969.

Poétique de la métamorphose, Presses Universitaires de Saint-Étienne, 1981, et *la Métamorphose,* J.-M. Place, 1980.

Pour l'étude des mouvements littéraires, *Études seiziémistes,* Droz, 1980, et *Mélanges V.-L. Saulnier, ibid.,* 1984.

Les genres

La notion de genre à la Renaissance correspond mal aux catégories actuelles de classification. La poésie, genre le mieux représenté par le nombre de productions, et le théâtre, encore à ses débuts sous sa forme classique, ont la faveur des théoriciens. Mais le roman n'est pas distingué de l'épopée, donné comme genre idéal. Le procédé de classement adopté ici tentera de rendre compte à la fois des intentions de l'auteur, de la forme effective et de la réception du texte.

Lyrisme

La poésie peut se définir comme acte d'énonciation pure, dont le véritable statut ne peut être donné que par le lecteur. En principe, le rapport à la réalité est altéré ou secondaire, et les mots jouent les uns par rapport aux autres. Le genre lyrique est tourné vers lui-même, et se différencie en cela des vers didactiques, polémiques ou scientifiques. Le sens du mot « poème », au XVIe siècle, indique le travail poétique sérieux, en opposition au style oratoire ou amoureux : le sens générique ne commence à exister qu'avec Ronsard et son recueil de *Poèmes* (1560).

Genres définis par leur forme

Le *sonnet* est une importation d'Italie et son adaptation en France passe d'abord inaperçue, avant de se développer avec un succès fulgurant. Mentionné comme genre par Jean Bouchet dès 1524, il est d'abord illustré par Marot en 1538, lequel modifie l'ordre des rimes dans les tercets : la disposition CCDEED, puis celle (CCDEDE) de du Bellay dans l'*Olive* (1549), imposent une forme française spécifique isolant un troisième quatrain dans les deux tercets.

> [...] Je voudrais bien pour alléger ma peine,
> Être un Narcisse et elle une fontaine,
> Pour m'y plonger une nuit à séjour ;

Et si voudrais que cette nuit encore
Fût éternelle, et que jamais l'Aurore
Pour m'éveiller ne rallumât le jour.

Ronsard, *Amours,* XX, 1552.

L'indépendance de la forme du sonnet par rapport à son contenu est relative, dans la mesure où, au milieu du siècle, la grande majorité des sonnets traite du thème amoureux, avec l'exception notable des *Regrets* (1558). La rupture traditionnelle entre le vers 8 et le vers 9, qui indique souvent le passage du comparant au comparé ou du concret à l'abstrait, introduit un sens particulier dans la forme.

Comme le marinier que le cruel orage
A longtemps agité dessus la haute mer,
Ayant finalement à force de ramer
Garanti son vaisseau du danger du naufrage

Regarde sur le port sans plus craindre la rage
Des vagues ni des vents, les ondes écumer [...]
[...] Ainsi, (mon cher Morel) sur le port arrêté
Tu regardes la mer, et vois en sûreté
De mille tourbillons son onde renversée [...]

Du Bellay, *Regrets,* 34, 1558.

De même, le dernier vers est condensé et généralisant, avec une tendance à la « pointe ».

[...] Quel heureux paradis ! d'allégresse luisant,
Puissé-je donc toujours en un si beau refuge
Trépasser au travail d'un plaisir si plaisant.

Marc Papillon de Lasphrise,
l'Amour passionnée de Noémie, LXVII, 1597.

La fin du sonnet est donc une clôture par son aspect contraint et une ouverture par sa signification allusive. Sa structure fermée lui donne des possibilités de circularité, comme le prouve la technique du sonnet en vers rapportés :

[...] Des flambeaux forts et griefs, feux, filets et encombres,
Lune, Diane, Hécate, aux cieux, terre et Enfers
Ornant, quêtant, gênant (= tourmentant) nos Dieux, nous et nos ombres.

Jodelle, *les Amours,* II, 1574.

Chez Ronsard, le passage du décasyllabe à l'alexandrin dans les *Amours* « de Cassandre » (1552) souligne une différence dans le rapport à la phrase : les *Amours* de 1555 seront plus linéaires et leurs vers suivront davantage le développement de l'argumentation. Pendant la période baroque, les poètes disloqueront fréquemment la phrase par le rythme du sonnet, grâce aux multiples coupes, enjambements et rejets tels que d'Aubigné les pratique dans le *Printemps* (1571).

> [...] La nue fasse effort de se crever, si ai-je
> Beaucoup plus de tourments qu'elle de brins de neige.
> Combien que quelquefois ma peine continue
>
> Des yeux de ma beauté sente l'embrasement,
> La neige aux chauds rayons du soleil diminue,
> Aux feux de mes soleils j'empire mon tourment.
>
> S. LXXXIV.

Les genres médiévaux poursuivent leur carrière jusque vers 1530. Le *rondeau* consiste dans la contrainte de retour du refrain dans une forme courte, allusive et volontiers obscène (Marot). La *ballade,* issue comme le *chant royal* (à sujet élevé) de l'ancienne *chanson* des trouvères, possède un aspect narratif accentué en même temps qu'une circularité provoquée par sa composition ternaire ; elle est apte, chez les grands rhétoriqueurs qui la pratiquent en dernier, à exprimer débats et dialogues. Chez Molinet, elle s'allie à une recherche subtile sur les effets de rimes :

> Prince d'amours, je ne compte un patac (= pièce d'argent)
> Car je vois bien, selon mon almanach
> Que âge m'a donné échec et roc...
>
> « Ballade », 1537.

Forme et contenu

La *chanson* a une structure très lâche et s'apparente plus ou moins à l'ode (Ronsard, Belleau). D'abord courte et expressément écrite pour être chantée, sa forme marotique s'impose pendant la première moitié du siècle. Les musiciens s'en emparent (Pierre Attaignant, Claudin de Sermisy), mais ne s'y limitent pas. Elle parle surtout d'amour, et les auteurs délaisseront plus tard la structure continue de l'ode : La Boétie écrit des chansons en tercets décasyllabiques (*Poésies,* 1571), ainsi que Desportes (*Amours d'Hippolyte,* 1573), Papillon de Lasphrise (*l'Amour passionnée de Noémie,* 1597) et Sponde en une série de strophes (*Amours,* 1604).

L'*ode* est découverte par Dorat et possède trois formes qui s'interpénètreront plus ou moins :

1. L'ode pindarique à « triades » (strophe, antistrophe, épode), imitée par Ronsard dans les *Odes* de 1550 ; le style en est très oratoire, consacré à l'éloge d'un vainqueur puis d'un grand personnage, et abusant de mythologie, de sentences et de périphrases.

> [...] Qu'apporte du Ciel Pallas
> A Bellérophon trop las
> De vouloir enfin dompter
> Le fils ailé de Méduse
> À coups de pied, qui refuse
> Le laisser sur lui monter [...]
>
> Ronsard, *Odes,* VII, 1550.

La digression est de règle et tente de reproduire le « beau désordre » de Pindare. Le verbe « pindariser » se trouve chez Lemaire, mais pas encore dans le sens péjoratif suscité par la révolution ronsardienne.

2. L'ode horacienne, en fait pratiquée par Ronsard avant la précédente, à l'exemple du néolatin Salmon Macrin, se caractérise à l'origine par des symétries recherchées, transportées par Ronsard au niveau de l'ensemble du recueil. Le style en est plus simple, teinté d'épicurisme et non exempt de mythologie.

> O Fontaine Bellerie,
> Belle fontaine chérie
> De nos nymphes...
>
> Ronsard, *Odes,* II, 9, 1553.

3. Enfin l'ode anacréontique, pratiquée en latin par Jules-César Scaliger (1586), autorise l'hétérométrie et une

muse plus « basse » encore : les sujets familiers font intervenir une mythologie souriante à base de Cupidons et de Vénus, mais aussi un symbolisme simple et efficace dont le prototype est « Mignonne, allons voir si la rose... » (Ronsard, *Amours,* 1553.)

Fais qu'en l'Automne, ou l'Hyver,
Que les ans font arriver,
Le Printemps de sa grâce
Point ne s'efface.

Pontus de Tyard, *Livre de vers lyriques,*
« Ode en faveur de sa Dame », 1555.

L'*hymne* relève comme l'ode pindarique du genre rhétorique de l'éloge et conserve une forme suivie à rimes plates : la contrainte de contenu concerne le sujet didactique qui doit être « grand », sur le modèle d'Homère et de Callimaque (Ronsard, *Hymnes* de 1555-1556) ; même si les développements épiques sont possibles, l'hymne doit contenir descriptions et énumérations. Mais les modèles italiens (Marulle, Alamanni) développent le genre de l'hymne cosmologique et astrologique repris par Ronsard dans l'« Hymne des étoiles », l'« Hymne du ciel », alors que l'« Hercule chrétien » et les hymnes (1537) de Salmon Macrin laissent la possibilité d'une inspiration chrétienne dans l'hymne-prière. Guillaume Guéroult compose de son côté un « Hymne du temps et de ses parties » (1560) avec alternance de vers et de prose. Pratiqué aussi par du Bellay (« Hercule chrétien », 1552), l'hymne tombe cependant dans l'oubli à la fin du siècle.

Le *blason* naît dans la seconde moitié du XVe siècle à la suite du *dit* médiéval et consiste dans l'éloge d'un petit sujet sous une forme plus courte. Description et énumération sont amplifiées sous la forme d'une « kyrielle » ou liste, à rimes plates, souvent parodique. C'est la génération de Marot qui s'est le plus illustrée dans le genre du blason amoureux, qui donna lieu à un concours remporté par Maurice Scève avec son « Blason du sourcil » (1550). Un recueil de *Blasons anatomiques du corps féminin* paraît à partir de 1535 et réunit les pièces de cette production inégale. Le titre collectif (1543) indique à quel découpage est soumis le corps de la femme, dans un souci à la fois d'exhaustivité et de parcellisation. Le genre réunit des écrivains aussi divers que Jamyn, De la Fresnaye, Maclou de la Haye, Jean de la Taille, Jacques Grévin, Pierre de Brach et d'Aubigné. Si les blasons de Scève et de Des Périers restent décents, d'autres tentent des descriptions moins honnêtes, comme ceux d'Eustorg de Beaulieu (« Blason du pet et de la vesse »). Ce dernier inaugure aussi la mode des blasons opposés, à l'origine de type carnavalesque comme en témoigne le diptyque de Marot, le « Blason du beau tétin » et le « Blason du laid tétin », avec les avatars de l'« Antérotique » (du Bellay, 1549) et des « Contr'Amours » (Jodelle, 1574) : ils témoignent du goût pour le procédé formel, ainsi que de la contamination par la rhétorique du paradoxe. Ce genre très vivant suscite des réactions morales, par exemple de la part de Gilles Corrozet qui, pour s'opposer à la vogue du blason féminin licencieux, compose des *Blasons domestiques* (1539), où il se livre aussi aux vertiges de la description exhaustive :

> Chambre très claire et bien carrée
> Chambre au corps humain préparée [...]
> Chambre d'amour, chambre gaillarde [...]

L'*hymne-blason* propose un thème plus ou moins didactique dans le registre du petit, comme dans le cas de l'« Huître », et de l'« Escargot » de Belleau (*Petites Inventions,* 1556). Ce sous-genre est aussi cultivé par Ronsard (la « Salade »), et prend souvent une coloration ironique et sensuelle. Dans une autre direction, les blasons-emblèmes de Barthélemy Aneau et de Guillaume Guéroult continuent en même temps la forme du blason et la tradition médiévale des Bestiaires et Lapidaires, augmentés d'un symbolisme scientifico-hermétique.

À l'origine inscription épigraphique, l'*épigramme* peut traiter en principe de sujets variés, avec un aspect sentencieux. Mais l'orientation satirique donnée par Catulle et la « pointe » amenée par Martial ont dirigé la pratique de l'épigramme au XVIe siècle dans un sens plus restreint : d'abord dizain, « envoi » ou petit blason, imitée surtout de Martial, l'épigramme se rencontre pour la première fois chez Jean Robertet et reçoit sa forme courante chez Marot. Elle remplace bientôt chez celui-ci le rondeau, avec lequel elle partage la concision finale. Les petits poèmes accompagnant les emblèmes auront souvent le statut d'épigrammes, et l'on peut considérer que les dizains de la *Délie* (1544) en sont aussi. Marguerite de Navarre, Mellin de Saint-Gelais chez qui l'épigramme est une petite histoire condensée, continuent la forme marotique, tandis que du Bellay pratique une épigramme latine plus libre et plus proche de l'original grec.

La traduction des *Héroïdes* d'Ovide par Octovien de Saint-Gelais (1505) contribue à établir les règles de l'*épître* caractérisée par un style au départ élevé, et par la fiction du correspondant. Le genre devient plus personnel avec les *Épîtres de l'amant vert* (1505) de Lemaire et Guillaume Crétin, qui influenceront Marot. Celui-ci conserve au début le principe de la pseudo-adresse à un destinataire, puis pratique le style familier de la requête réelle (« Au Roi pour avoir été dérobé »). Hélisenne de Crenne écrit aussi des *Épîtres familières* (1559), et le genre est contaminé par la lettre en prose et par l'élégie (Pernette du Guillet).

À la fin du siècle, on voit apparaître la forme plus rare de la *stance* (« pause »), imitée de la *stanza* italienne. Les stances sont des strophes syntaxiquement autonomes, avec un contenu le plus souvent amoureux, religieux ou plaintif, comme dans les *Amours d'Hippolyte* (1573) de Desportes, les *Stances de la mort* (1588) de Sponde, et les stances du *Printemps* (composé en 1571) de d'Aubigné.

L'*épitaphe* consiste à réaliser l'éloge du défunt dans une manière courte, comme pour une inscription funéraire, et prend souvent place dans les pièces liminaires ou les postfaces. Elle continue, sous une forme imitée du latin, l'usage médiéval de la « déploration », et l'éloge peut avoir un caractère tout à fait conventionnel. La question de la sincérité et du rapport au réel se pose, comme dans le cas de Ronsard sur la « mort d'Artuze » où le jeu de mots sur le nom de la nymphe Aréthuse n'est pas exclu.

> Ci-gît, qui le croira ? une morte fontaine,
> Une fontaine, non, mais une belle Fée,
> Artuze, qui laissa sa belle robe humaine
> Sous terre, pour revoir dans le Ciel son Alphée.
>
> 1555

Les épitaphes et autres « vers funèbres » peuvent être les témoignages, précieux mais sujets à caution, de la renommée d'un auteur à sa mort et de la valeur sociale de son œuvre : Jodelle ne reçoit qu'un hommage, celui de d'Aubigné.

La forme intéressante du *prosimètre* ne survit pas aux rhétoriqueurs, et se tient aux frontières de la fiction : elle appartiendrait au genre lyrique si les parties narratives et discursives en prose, écrites à la première personne, renvoyaient à un « je » lyrique. Le prosimètre se place dans la tradition des « Temples » et « Trônes » du XVe siècle, et s'inscrit dans un décor souvent pastoral. Le fonctionnement narratif est complété par la mise en scène de personnages allégoriques, eux-mêmes auteurs de longs discours ou dialogues introduits par un « songe ». Véritable « pot-pourri » de formes, le genre absorbe diverses compositions poétiques : rondeaux, ballades, blasons, etc. Le prosimètre évolue vers la versification totale — le « Temple de Cupido » (1515) de Marot — ou la dislocation, comme dans le cas du « songe », retrouvé à l'état séparé dans les *Antiquités de Rome* (1558) de du Bellay et le *Songe* (1540) d'Hélisenne de Crenne.

Genres définis par leur contenu

L'*oraison,* la *prière* et le *cantique* peuvent prendre des formes variées de strophes à rimes plates, comme chez Marot et les rhétoriqueurs, Marguerite, ou la forme de la ballade chez Molinet. Des Périers s'illustre par un beau « Cantique de la Vierge », et Dolet prisonnier écrit un cantique avec des effets de brièveté. Nicolas Denisot et surtout Marguerite de Navarre *(Miroir de l'âme pécheresse,* et *Dialogue en forme de vision nocturne,* 1533) montrent un lyrisme religieux issu de l'évangélisme. Les *Chansons spirituelles* (1548) de Guillaume Guéroult, inspirées par l'esprit réformé, seront partiellement mises en musique, et l'auteur tentera une *Lyre chrétienne* (1560).

L'*élégie* se réfère très tôt à un contenu déploratif ou plaintif qui définira un style. Elle prend la forme de l'ode, de l'épître, du chant continu ou strophique. Le mètre est libre, mais le décasyllabe domine. Par sa thématique, elle continue la « complainte » médiévale, du type de la « Complainte de l'infortuné » (1536), de Roger de Collerye, et les « élégies déploratives » (1534) de Marot soutiennent le *topos* de la rhétorique consolatrice. Le genre évolue en fonction des « pitoyables élégies » recommandées par la *Défense* de du Bellay, qui écrit lui-même un « chant du désespéré » (1549), tandis que Ronsard compose l'émouvante élégie « À Marie Stuart ». Les plaintes de *Bradamante* (1582), chez Garnier, sont des élégies d'une tonalité pourtant bien différente du nostalgique « Contre les bûcherons de la forêt de Gastine » (Ronsard, *Élégies,* 1567). Chez Louise Labé, l'élégie ressemble à une épître dominée par une angoisse pétrarquiste et modelée sur les élégies latines.

> O doux archet, adoucis-moi la voix,
> Qui pourrait fendre et aigrir quelquefois,
> En récitant tant d'ennuis et douleurs,
> Tant de dépits, fortunes et malheurs.
>
> L. Labé, « Élégies », 1, 1555.

À partir des années 1550, le genre se confond avec un certain ton mélancolique, l'expression du sentiment de la fragilité, et s'écarte des variantes narratives, épidictiques ou didactiques qui imprègnent encore les élégies moralisantes de Pernette du Guillet (*Rimes,* 1545).

L'*idylle* et l'*églogue* sont les formes lyriques de l'« archigenre » pastoral qui possède aussi ses modalités de fiction. L'idylle selon Théocrite correspond à un petit poème dont le thème est le plus souvent le chant d'amour des bergers, rejoignant à la fois la tradition des *Bucoliques* et la « pastourelle » médiévale. La description de la Nature y est stéréotypée, même si elle se renouvelle grâce aux apports italiens et à l'exotisme américain : celui-ci est, par retour, fortement influencé par la description pastorale et le *topos* du berger heureux. L'églogue prend souvent la forme d'un regret de la vie simple et alimente un courant anti-courtisan lui aussi assez conventionnel. Mais elle peut être utilisée chez Marot et Ronsard pour célébrer un événement, et cette actualité placera le genre dans un système de double lecture : la description du monde des bergers n'est que le travestissement d'un tableau des mœurs contemporaines.

Chez Ronsard, la poésie pastorale est aussi discours de propagande en faveur du règne de Charles IX, annoncé comme un âge d'or.

> Les hommes reverront les Dieux venir en terre :
> Le Ciel sans plus s'armer d'un grommelant tonnerre,
> Sans plus faire et la grêle et la neige couler,
> Fera dessus les champs la manne distiller.
>
> Églogue 1, 1567.

Fiction

Les genres dits de « fiction » sont fondés sur la recherche d'un rapport mimétique avec le réel, mais sans l'autarcie du lyrisme. L'intercession de la troisième personne, différente du « je » poétique, est fondamentale. Récit et forme dramatique se trouvent réunis, car la parole du personnage dans le genre théâtral n'est pas immédiate, mais transmise par la parole obscure de l'auteur de théâtre qui ne peut pas dire « je ».

Genres narratifs

Épopée. L'Italie a réussi, avec l'Arïoste, la fusion entre un genre antique, l'épopée, et le roman chevaleresque. Les auteurs de la Pléiade ne réussiront guère à imiter cet exemple, comme en témoigne l'épopée inachevée de *la Franciade* (1572), que Ronsard appelle « roman », en ayant l'impression d'injecter le vieux fonds français dans une forme homérique. Malgré les mots, Ronsard pense en lyrique et aussi en poète de cour, car il doit d'abord plaire au roi et rappeler dans une vaste énumération l'ordre chronologique de ses aïeux.

> Sous Marcomire auront longues batailles
> À leurs voisins : et de ce Duc je veux
> De père en fils te montrer les neveux,
> Et les enfants issus de ta lignée,
> Par qui la Gaule un jour sera gagnée [...]
>
> *la Franciade,* IV.

Le poète est pris dans des contradictions : imiter les Italiens mais aussi les dépasser ; chanter le temps immuable de l'épopée alors que l'époque contemporaine est celle du changement. En outre, il se met dans une position anachronique d'oralité.

Des fragments épiques existaient déjà dans les *Illustrations* (1510) de Lemaire, à l'intérieur du cadre mythique et historiographique, dont les intentions n'étaient pas si différentes de celles de *la Franciade.* D'autres tentatives ne verront pas d'aboutissement : une épopée promise par Marot, une « Herculéide » de Peletier restée à l'état de projet, une autre « Franciade » commencée par Jacques Grévin. Le genre sera mieux représenté dans ses formes d'inspiration religieuse, comme les « Âges du monde » (1537) de Molinet ou le « Triomphe de l'agneau » (vers 1530) de Marguerite, qui raconte la Bible en dialogues, et surtout dans les *Tragiques* (1616) d'Agrippa d'Aubigné qui prennent sens par l'histoire récente : malgré l'aspect polémique et parfois satirique du texte, la mise en scène de l'Histoire comme théâtre de l'imaginaire incite à le classer dans les ouvrages relevant plus de la fiction que du pamphlet.

Nouvelle. L'essor de la nouvelle commence véritablement avec les *Cent Nouvelles nouvelles* de Philippe de Vigneulles (Metz, avant 1515), chez qui le mot apparaît dans un sens littéraire : cependant une « nouvelle » est encore à la fois un fait récent et le récit de celui-ci. Elle ne dérive pas du fabliau, avec lequel elle partage pourtant le caractère oral originel, l'absence de merveilleux, et le caractère exemplaire. Les romans de Rabelais marqueront assez tôt son style.

Le modèle que représente le *Décaméron* est connu dès le XVe siècle par une mauvaise traduction française (1414). L'actualisation, ou relation d'un fait divers, est de règle, et le narrateur insiste sur la proximité dans le temps et dans l'espace. L'histoire-cadre mise en place par Boccace est une structure souvent suivie et réalisée comme la mise en scène d'une narration incluse dans une conversation à fonction de passe-temps. La nouvelle traduction de Le Maçon (1545) relance l'engouement pour le *Décaméron,* et c'est peu après que sont rédigées les nouvelles de l'*Heptaméron.* Chez Marguerite, les conversations qui encadrent les nouvelles sont devenues tellement importantes que le rapport s'inverse parfois : au lieu que la nouvelle soit mise en valeur par une introduction, elle devient, dans certains cas, *exemplum* d'un discours moral tenu par l'un des devisants. La nouvelle s'apparente alors au « cas » juridique qu'il s'agit de commenter, comme dans la casuistique amoureuse.

Jusqu'au milieu du siècle le sujet est de préférence joyeux, selon le premier modèle italien, et doit contenir une surprise, un bon mot, ou un retournement. Mais la nouvelle française intégrera rapidement des histoires sentimentales et l'accent ne sera pas mis sur l'effet de « suspense ». Le lecteur est moins invité à lire qu'à juger. D'ailleurs, le narrateur peut lui-même se placer à distance de ses devisants, et les regarder d'un œil plus ou moins critique, comme dans les *Propos rustiques* (1547) de Noël Du Faïl et dans l'*Évangile des quenouilles* (anonyme ≃ 1460-1475).

Les nouvelles proprement dites tendent à se donner des allures de réalité par l'expression de *realia*, de choses vues et de traits de mœurs. Cependant la part des stéréotypes reste importante et l'imitation, non seulement des modèles italiens mais des recueils français précédents, est très fréquente (*les Sérées* de Guillaume Bouchet, 1584). Différents types de nouvelles sont présents dans le même recueil : le récit de farces ou de « bourdes » ; les « propos », qui peuvent être de bons mots mis en scène, comme dans les *Escraignes dijonnoises* (1588) de Tabourot qui développent des *Apophtegmes* antérieurs (1585) ; des plaisanteries extraites de textes qui ne sont pas des nouvelles comme *les Fantaisies de Mère Sotte* (1516) et *la Célestine* (1499) pour le *Grand Parangon des nouvelles nouvelles* (1536) de Nicolas de Troyes. Ces propos peuvent ne présenter aucune surprise ni aucun élément de comique, comme dans l'*Évangile des quenouilles,* recueil de curiosités relatives à la mentalité magique des bonnes femmes des veillées. La nouvelle pseudo-populaire fleurit surtout dans la première moitié du siècle avec les *Propos rustiques,* mais l'auteur s'orientera plus tard vers la dénonciation des abus dans les *Contes et Discours d'Eutrapel* (1585). « Propos », « devis »..., les titres accentuent la référence à la conversation, plus que la nature du sujet, comme dans les *Divers*

Propos de Gilles Corrozet (1556). Les *Nouvelles Récréations et joyeux devis* (1558) de Des Périers, issus de la cour de Marguerite, insistent sur les jeux de mots, les langues diverses et la polysémie possible, pièges auxquels se prennent fous et imbéciles.

Quelques recueils intègrent des fables ésopiques. Le genre de l'apologue connaît en effet un regain de faveur, et dépasse la tradition des « ysopets » médiévaux. Il va dans le sens de la moralisation de la narration. Guillaume Haudent publie d'abord trois cent soixante-six apologues d'Ésope sans morale, mais Gilles Corrozet les utilise à des fins semblables à celles de l'emblème. La nouvelle « réaliste » rejoint donc, dans ses effets de vérité générale recherchée, le point de vue de la fable inventée. La préoccupation morale marque aussi les *Matinées* de Cholières (1585), et les rapproche du genre de la leçon. En général, les recueils de nouvelles de la fin du siècle évitent la contestation sociale ou politique, pendant que l'*histoire tragique* prend un essor remarquable. Le modèle italien, Bandello, est adapté par Pierre Boaistuau qui l'amplifie dans le sens d'une démonstration de la perversité du monde ; puis par François de Belleforest qui en accentue l'aspect édifiant et l'augmente de digressions : son œuvre narrative va jusqu'à six volumes, de 1559 à 1583, et fournira le sujet de nombreuses pièces de théâtre. *Le Printemps* de Jacques Yver (1572), *l'Été* de Bénigne Poissenot et ses *Nouvelles Histoires tragiques* (1583 et 1588) s'inscrivent dans la même ligne qui s'oppose à l'art des conteurs du demi-siècle précédent : à la fois dans la forme, supposée dénaturée par les contes de veillée, et dans le fond, devenu plus noble. Le tragique n'est pas seulement l'apparition du *pathos* au théâtre, mais aussi l'invasion de nouvelles sentimentales et romanesques, comme certains récits de l'*Heptaméron* l'étaient déjà.

Roman. Les bases du roman moderne se mettent en place grâce à une série de mutations qui ont affecté, à la fin du Moyen Âge, la forme des anciens « romans » et l'esprit de la chanson de geste pour aboutir au roman de chevalerie. Les mises en prose de la matière de Bretagne continuent leur succès jusqu'à la fin du XVIe siècle, avec le

Lancelot en prose, *Perceval, Perceforest,* le *Tristan* réécrit par Pierre Sala (1525-1529), où l'on voit la figure du chevalier prendre les couleurs du héros antique. Les sujets plus récents laissent de côté l'analyse des sentiments et tout réalisme pour se consacrer à l'aventure, en prenant d'abord les héros nationaux, comme dans le *Pseudo-Turpin, Garin de Montglane, Renaud de Montauban* ou *Ogier*. L'aventure est aussi maîtresse dans *Pierre de Provence et la belle Maguelone, Huon de Bordeaux, Robert le Diable,* tous ces romans étant « populaires » au sens large, c'est-à-dire bénéficiant d'un vaste public et d'une bonne diffusion. D'Italie vient la fortune du personnage de Roland, inconnu jusque-là en France, et popularisé par l'Arioste (*Orlando Furioso,* 1516). D'Espagne, la vogue d'*Amadis* (1508) traduit en français par Herberay des Essarts (1540-1546) : tout en étant proche de l'imagerie médiévale, ce modèle allie les éléments merveilleux les plus invraisemblables et les prouesses à l'ancienne à un début d'analyse psychologique qui évoluera vers *l'Astrée.* Le premier roman d'esprit moderne serait les *Angoisses douloureuses* d'Hélisenne de Crenne (1538) : le Livre I s'inspire de la *Fiamette* de Boccace (trad. 1532) et possède le ton nouveau du roman sentimental par la violence passionnée qui s'y manifeste, malgré une certaine pédanterie, et sa nature partiellement autobiographique ; mais les deux autres livres suivent la ligne tracée par *Amadis,* avec aventures mouvementées et extraordinaires. Ce dernier aspect est le plus représenté (et le moins lisible aujourd'hui) de la prose romanesque de la Renaissance.

Les romans de chevalerie ont assez tôt suscité leur contre-genre avec les romans parodiques. Appartenant d'abord à la littérature festive, ceux-ci sont bien connus par la série des *Chroniques gargantuines* écrites à l'époque de Rabelais (vers 1530), et présentant la forme d'une épopée burlesque, avec une structure analogue (généalogie du héros, prouesses d'enfance, voyages et exploits). Mais la marque de Rabelais sera sensible par la suite, dans la mesure où celui-ci modifie la matière parodique avec l'esprit humaniste pour faire du *Pantagruel* un roman-banquet : il reste certes un certain nombre de paradigmes du roman de chevalerie, et d'autres qui appartiennent à l'épopée. Le temps n'est pas non plus le présent-relatif du roman moderne, mais le présent-passé absolu de l'épopée.

> Gargantua, en son âge de quatre cent quatre-vingt-quarante et quatre ans, engendra son fils Pantagruel de sa femme, nommée Badebec, fille du roi des Amaurotes en Utopie, laquelle mourut en mal d'enfant [...].
>
> *Pantagruel,* 2.

La matière épico-chevaleresque disparaît au profit du dialogisme dans le *Tiers Livre,* et de l'allégorie dans le *Quart Livre.* D'autres genres prennent place constamment dans le cadre narratif, et la fiction elle-même peut être, chez Rabelais, considérée comme une forme du discours polémique : la fiction du narrateur-bonimenteur confère au *Pantagruel* un statut ambigu proche de la communication : mais l'apostrophe aux « buveurs très précieux » n'est-elle pas aussi de l'ordre de la fiction ?

La spécificité du texte rabelaisien apparaît d'autant mieux par les imitations et les « suites » du *Pantagruel : le Disciple de Pantagruel* (1538), écrit par un collectif de « notaires rhodaniens » sous le pseudonyme de Jean d'Abondance, ne manque pas non plus de protestations de vérité, autant qu'on en trouve chez les « cosmographes » Pline et Mandeville, dit l'auteur avec ironie. Les épisodes sont avant tout relatifs aux pays de Cocagne et aux exploits gigantaux, avec des chapitres éclectiques et autonomes plus caractéristiques de l'avant-Rabelais. Celui-ci inspirera aussi le *Songe de Pantagruel* (1542) de François Habert et marquera le curieux *Alector* (1560) de Barthélemy Aneau, qui offre une métaphysique empruntée à la *prisca théologia,* les caractéristiques du romanesque de l'époque, une écriture poétique et une inspiration souvent alchimique et hermétique ; enfin, le ton laisse penser à une parodie de tout cela. Ce roman fait partie de ces récits qui défient les pré-lois du genre romanesque, comme les *Aventures du baron de Faeneste* (1618-1619) de d'Aubigné, sans intrigue et mêlé de jargons, ou encore comme le *Moyen de parvenir* (1610 ?) de Béroalde, de structure expressément « symposiaque » (en forme de banquet) et dont les narrations interrompues ou imbriquées démembrent la logique du récit.

Genres dramatiques

L'évolution du théâtre et des genres qui lui sont apparentés est étroitement liée à des faits historiques et sociaux : l'un d'eux est la professionnalisation des troupes vers la fin du XVIe siècle, pour la représentation des comédies et tragédies, alors que le spectacle de cour continue à être joué par des princes. Auparavant, notables et lettrés assuraient des rôles dans les Mystères ou les comédies humanistes, laissant perméable la frontière entre la représentation et le texte. Puis le métier d'acteur se dévalorise, et le port du masque est interdit sous Henri III : la méfiance s'installe à nouveau à l'égard des possibilités émotionnelles de la scène, et du problème du dédoublement de personnalité qu'implique le jeu de l'acteur. La représentation n'est noble que dans la mesure où elle est ostentation, où le prince jouant ne cesse jamais d'être lui-même. C'est à la même époque que se séparent progressivement les genres en fonction des classes auxquelles ils sont destinés, contrairement à l'esprit des Mystères qui réunissait toute la communauté.

Aux frontières du romanesque et du dramaturgique, on peut placer deux formes à caractère agonal, non destinées à la représentation, mais dont la réalisation textuelle suit celle du théâtre représenté :

La *pastorale* dont une branche deviendra la pastorale dramatique, en tant que troisième genre senti comme nécessaire après la tragédie et la comédie, et devant représenter le genre satyrique antique. Son caractère conflictuel est expliqué par la tradition médiévale des débats et disputes. Pétrarque apporte une modification au modèle virgilien du litige non résolu, en proposant un troisième terme conciliant. Déjà en Italie, l'églogue avait évolué en dialogues utilisés pendant les fêtes de cour, et Sébillet range significativement la pastorale dans le dialogue, à côté de la moralité et de la farce. La *bergerie* conserve l'idéal d'un berger symbolique, d'autant plus qu'il joue un rôle remarquable dans le mystère de Noël : comme en témoigne la *Comédie de la Nativité* (vers 1530) de Marguerite de Navarre. Elle s'augmente de deux influences italiennes, l'*Arcadia* de Sannazar (1504) qui marque la *Bergerie* de

Belleau (réunie vers 1572) et la *Pyrenée* de Belleforest (1571) ; l'*Aminta* du Tasse (1573) consacre d'autres lieux communs qui se transporteront dans les futures tragi-comédies : la géométrie des rapports amoureux, avec la thématique romanesque des amants mal assortis, et l'opposition du double aspect de la Nature, parfois bienveillante dans la tradition pastorale, parfois hostile, en suivant l'esprit des nouvelles tragiques.

Le *débat,* dont le meilleur représentant est sans doute le *Débat d'Amour et Folie* (1555) de Louise Labé : le début surtout s'impose comme une forme théâtrale, car l'argument est donné au présent ; puis le dialogue se fixe en longs monologues rhétoriques, et il semble alors que la mise en place théâtrale ait servi de *captatio.* De même, le *Cymbalum mundi* de Des Périers est une œuvre de fiction dont la forme dialoguée est essentielle : l'esprit est fort proche de celui de Rabelais (évangélisme, satire), et cependant il n'y a pas de trame romanesque. Cet esprit rend possible l'idée d'un théâtre du texte, échange de paroles sans lieux de représentation autres que la page, et l'imagination du lecteur.

C'est en fait dans le théâtre de cour que le genre pastoral verra d'abord sa réalisation dramatique, sans avoir donné lieu à des chefs-d'œuvre littéraires. Les entrées royales ont des clés mythologiques servant à placer les puissants dans la dimension de l'Histoire ; les humanistes les plus dignes participent aux scénarios de fêtes (Dorat en 1571) ; les intermèdes coupent les grands genres et les ballets ; toutes les petites pièces écrites par Ronsard et la Pléiade pour ces occasions, les « mascarades », « cartels », « mommeries » confirment à la lettre la conception de la cour comme théâtre. La « Comédie de Fontainebleau » (1564), de Ronsard, et la vogue des ballets de cour indiquent ce goût pour le spectacle construit dans un univers de fiction, où vers et chants prennent place dans un décor allégorique ou même héroïque. Le ballet de cour existe en France depuis Charles VII, triomphe en 1581 avec le « Ballet comique de la reine » et se détache progressivement des moments de carnaval qui en étaient l'origine pour donner aussi naissance au ballet burlesque sous Henri IV. Le genre est bien vu des humanistes et poètes, car il semble que le ballet soit un moyen de ressusciter le chœur antique dans les parties chantées.

Théâtre religieux

Les *Mystères,* représentant la vie du Christ ou des martyrs, sont le grand genre théâtral du XVe siècle et viennent d'une intention didactique. Ils comportent le plus souvent des scènes mimées, des dialogues et des vers narratifs dits par un récitant. Le « fatiste », à la fois remanieur et metteur en scène, se confond aussi parfois avec le régisseur. Un texte de Nicolas Loupvent laisse un certain nombre d'indications précieuses sur le rythme de la représentation et les déplacements des personnages (*Mystère de saint Étienne,* 1548). Ces moments de communion dramatique durent parfois plusieurs jours, et la disposition scénique favorise la participation : l'aire de jeu, neutre et ne désignant aucun lieu précis, se transforme selon le travail imaginatif du spectateur ; les « mansions » qui restent sur une extrémité de l'« échafaut » gardent la répartition entre Ciel et Enfer. Les représentations n'ignorent pas les machines, trappes et poulies pour les diables et les anges, mais ces transformations se font à vue en raison de la disposition en rond et signalent la « non-vérité » de la performance.

Si les *Miracles* mettent en scène de façon plus courte un épisode particulier de la vie de la Vierge par exemple, les *Passions* sont un développement des Mystères, qui marque la production théâtrale des années 1450-1550. L'initiateur en est Arnould Gréban (*Mystère de la Passion,* vers 1450), qui situe l'histoire du Christ dans la chronologie universelle et s'oblige ainsi à tout raconter, depuis le Paradis et la Genèse : la Passion devient un spectacle total, avec éléments burlesques (caricature des Juifs et des bourreaux, farces des diables), scènes de mœurs et de tripot. Jean Michel l'imitera à son tour (1486) tout en centrant davantage l'intérêt sur le Christ, et les « fatistes » suivants pilleront constamment ces deux auteurs. Des Passions sont jouées à Arras, Mons, Valenciennes, Saumur et à Doué, où l'une d'elles a duré trente jours. Ce type de théâtre est donc essentiellement citadin, et pris en charge par les communes.

On s'est interrogé sur la faveur grandissante des Passions et des représentations de plus en plus réalistes de la souffrance, fascination qui prendra d'autres formes après les guerres de religion : forme sublimée de la tragédie, et spectaculaire de la tragi-comédie. À ce moment, le théâtre sera enfermé dans les salles et pré-censuré, car le danger d'une forme d'expression qui pouvait tourner à l'émeute était déjà prévu dans l'arrêt du Parlement de Paris (1548) interdisant toute représentation des Passions dans cette ville. L'hôtel de Bourgogne, relativement petit, était occupé par les Confrères de la Passion qui jouaient tous les genres théâtraux de la première moitié du siècle, avant d'être fortement concurrencés par les troupes italiennes.

Les tragédies religieuses puiseront, quand la tragédie sera remise à l'honneur, dans les épisodes de l'Ancien Testament rarement traités au Moyen Âge. L'*Abraham sacrifiant,* de Théodore de Bèze (1550) conservera plus de parenté avec le théâtre médiéval qu'avec la nouvelle tragédie humaniste, et Louis Des Masures tentera aussi des *Tragédies saintes* (1563).

Théâtre profane

Les *Moralités* sont encore bien représentées pendant la première moitié du siècle, avec leurs personnages allégoriques pris pour des emblèmes. La *Comédie de Mont-de-Marsan* (1548) de Marguerite de Navarre, constitue une part de son « Théâtre profane », mais traduit cependant une réelle inspiration religieuse, ainsi que l'« Adoration des trois rois » (vers 1530), avec le personnage de la « Ravie » dans l'amour de Dieu.

Les représentations des spectacles théâtraux comprenaient d'abord une sotie, puis une Passion ou une Moralité, et enfin une farce. La *sotie* est centrée sur le personnage du sot, tout droit venu de l'esprit de la « fête des fous ». En principe, il est un personnage « objectif » dont le rôle est de critiquer les classes dominantes tout en représentant l'opinion publique. Jean-Claude Aubailly a distingué plusieurs sortes de soties, selon leur forme et leur degré d'engagement dans la satire. Les soties-parades se caractérisent par l'incohérence des propos et leur progression par la rime laissée en suspens, illogisme présent dans la *Sotie des menus propos* (Rouen, 1461) où des proverbes sont mis bout à bout. Les soties-farces ne prétendent guère à autre chose qu'au divertissement. En revanche les soties-jugements et les soties-actions se placent sur un plan plus symbolique en utilisant le procédé des pseudo-pronostications ou en dénonçant le monde à l'envers. La sotie disparaît au milieu du siècle, quand le pouvoir ne laisse plus l'espace nécessaire à la contestation, au moment aussi où les fêtes populaires subissent d'efficaces attaques de la part des Réformés comme de la réaction catholique.

La *farce,* pièce courte autonome ou incluse dans un Mystère (comme la « Farce du brigand » dans le *Mystère de saint Fiacre,* milieu du XVe siècle), s'épanouit aussi dans les années 1440-1550, et apparaît comme une forme carnavalesque plus domestiquée que la sotie. Elle a souvent la forme d'un monologue comique (le « Franc-Archer de Bagnolet », XVe siècle) soutenu par un type social caricaturant un défaut. La satire y est peu marquée, car le rire s'adresse surtout à la déformation du personnage par rapport à une morale utilitaire et normative. Le *Recueil Trepperel* donne une bonne idée du répertoire avec ses situations souvent issues du fabliau et ses intrigues fondées sur la ruse. La réussite de la *Farce de Maître Pathelin* (1464) tient justement à la menée astucieuse de deux intrigues combinées, plus complexes donc que la farce classique, mais utilisant encore les ressorts comiques bien connus des jargons « farcissant » le texte et des intérêts qui s'opposent.

La Renaissance humaniste provoque au théâtre un renouveau des genres qui explique en partie la disparition des formes précédentes. Mais la période de gestation sera longue : ni la comédie ni la tragédie ne verront de chefs-d'œuvre décisifs pour cette période, remarquable pourtant par les recherches dont elle a été capable.

La *comédie* tente de naître de toutes pièces de la comédie antique, mais les Italiens, dans la *commedia erudita,* avaient déjà mis au point un type de comédie régulière avec cinq actes, des personnages consistants, l'unité de temps et de lieu. Cette dernière est favorisée par l'aire de jeu neutre issue de la scénographie de Serlio (traduit en

1544) : une place publique, un carrefour, et non l'univers clos d'une maison vue à l'intérieur. En concurrence, la *commedia dell'arte* connue par le passage des comédiens italiens dans la seconde moitié du siècle, apporte un style de jeu nouveau qui influencera la comédie à la française par un style d'intrigue : nombreux déguisements, surprises, et surtout opposition entre personnages masqués (burlesques) et non-masqués (sentimentaux) qui sera à l'origine de la dissociation entre personnages d'identification (amoureux) et personnages de distanciation (fanfarons, naïfs, maquerelles, etc.). La comédie humaniste, surtout pratiquée dans l'entourage de la Pléiade, va tenter d'unir la pratique des représentations du théâtre latin et néolatin dans les collèges et les milieux lettrés, et l'écriture française d'un théâtre mêlant les traditions antiques et italiennes. On a souvent cru que ce type d'écriture dramatique n'était pas destiné à la scène, mais à la lecture ou à la déclamation ; il semble pourtant que les auteurs aient pensé à la représentation, même si l'on n'en a pas toujours la preuve.

Après le travail préliminaire de traduction et d'adaptation des comédies antiques, les poètes commencent à écrire en français des pièces venant d'Italie, et dont la première représentée avec succès est l'*Eugène* de Jodelle (1553) : les règles sont respectées, l'écriture est versifiée. Les autres auteurs de comédies partageront à peu près également la prose et les vers : Baïf écrit *le Brave* (1567) d'après Plaute, Belleau *la Reconnue* (1563 ?), assez bonne comédie mais inachevée, Pierre de Larivey *les Esprits* (1579), inspirés d'une nouvelle et contenant une « scène de la cassette », et qui améliore sensiblement le modèle italien. Pierre Le Loyer, Jacques Grévin, Jean de La Taille composent aussi des comédies, et Odet de Turnèbe produira *les Contents* (publiés en 1584), pièce qui résume les composantes de la comédie humaniste : l'histoire se situe pendant le carnaval et se fonde en grande partie sur les possibilités d'intrigue du travestissement. Le thème de l'amour contrarié est mené avec d'autres intrigues parallèles, parfois inutiles mais plaisantes.

D'une manière générale, les comédies sont précédées d'un prologue et suivies d'un épilogue, conformément à l'usage latin et à la représentation des spectacles au Moyen

Âge : le prologue est dit par un personnage hors-jeu qui soutient la thèse de l'auteur (revendication d'originalité chez Jodelle, par exemple), invite à se taire et ajoute souvent quelques plaisanteries crues. L'épilogue en revanche est énoncé par un personnage de la pièce qui met bas le masque ou redevient conteur, conclut l'histoire et invite à aller souper. Cet encadrement laisse entendre que ce type de comédie se place encore dans un système de représentation distanciée où les personnages ne sont pas à évaluer en fonction d'une certaine richesse psychologique : ils ne sont qu'actants, mus par des ressorts élémentaires d'ingéniosité, d'intérêt ou de passions rapidement cernées.

Les *tragédies* ont d'abord été jouées et écrites en latin, dès 1524, avant de subir une évolution analogue à partir des modèles antiques, dont les sujets représentent plus d'un tiers du répertoire, par rapport aux sujets tirés de l'Écriture sainte ou de l'Histoire. Eschyle n'est guère traduit en français, contrairement à Sophocle et Euripide traduits par Lazare de Baïf (vers 1540) : c'est ainsi que son fils, Jean-Antoine, écrit ses premières tragédies, sans doute avant Jodelle (1552). Mais l'apport grec est modifié par la lecture de Sénèque, décisive pour la mise en place des canons de la tragédie, et pour la nécessité de la fin malheureuse, qu'Aristote n'imposait pas. Elle coïncide avec la montée du néostoïcisme, plus importante même que les rivalités religieuses. Les Grecs sont utilisés pour les parties lyriques, surtout les chœurs, Sénèque servant de modèle pour l'argument, les récits, les débats. La *Cléopâtre* de Jodelle (1552) inaugure une manière nouvelle d'inventer une tragédie à partir d'un sujet historique, mais le succès immédiat fut relatif, malgré l'enthousiasme de la Pléiade. Après cette « révolution », Garnier donne un *Hippolyte* (1573), Pierre Matthieu une *Clytemnestre* (1589), Rivaudeau un *Aman* (1565), Jacques Grévin un *César* (1561), mais c'est Jean de la Taille qui, en 1572, théorise la nouvelle forme dans un « Art de la tragédie » annexé à *Saül le Furieux*.

Le chœur, tel qu'il est travaillé par les humanistes, est un véritable commentateur, une « conscience moralisatrice » présente sur scène, et même un personnage dramatique dans *la Reine d'Écosse* (1595) de Montchrestien. Mais il ne s'adresse pas au public : même si certaines tragédies comportent elles aussi un prologue, celui-ci n'établit aucun lien avec l'acte de la représentation, et le rapport au public n'existe pas.

La construction et la composition excluent l'exploitation de la surprise : le spectateur sait déjà que la fin sera lamentable. Pas de progression dramatique en effet dans la plus réussie de ces tragédies, les *Juives* de Garnier (1583), qui accentue le caractère horrible du sujet : le massacre des Juifs par Nabuchodonosor ; il ne s'agit pas d'un choix esthétique, mais plutôt d'une nécessité ressentie par un ligueur qui défend sa cause. En effet, la tragédie n'est pas simple exercice d'écriture. Chez Montchrestien en particulier, l'intention didactique est nette : il s'agit d'enseigner aux princes les leçons de l'Histoire, et d'inscrire le théâtre dans le fonctionnement de la Cité. Les nombreux vers-sentences proposent leurs vérités :

> Le naître et le mourir est presque un même point
> *La Reine d'Écosse.*

Les rôles commencent à se distribuer de façon classique : une nourrice accompagne souvent les femmes, et il existe quelquefois un confident pour les hommes. Le deutéragoniste (ou second rôle), souvent un roi ou un courtisan, doit, en l'absence de signes visuels, décliner longuement son identité. Quant au personnage principal (protagoniste), il marche vers la qualification de héros tragique par sa confrontation avec le Destin. L'*Hector* de Montchrestien (1604), la *Mort d'Achille* (avant 1610) d'Alexandre Hardy montrent des individus exceptionnels en proie au *fatum* stoïcien tout en ne s'y résignant pas, ce qui fait leur vertu. Le thème de la vengeance, s'il est très présent dans ces tragédies, est moins significatif que ce combat inégal, d'autant plus poignant que les personnages gagnent en individualité et en passions véritablement humaines.

Communication

Les genres relatifs à la « Communication » seraient pour beaucoup exclus de la catégorie du littéraire, mais certains d'entre eux, à la Renaissance, joignent à une intention manifeste de parler du monde (référentialité) une recherche ou un effet esthétique.

Le « Moi » dans le monde et l'Histoire

Le genre épistolaire. Différente de l'épître lyrique, la lettre était au Moyen Âge un genre officiel, avec ses règles qui concernaient surtout les introductions, les formules et l'ordre à suivre, jusqu'à ce que Pétrarque distingue la lettre privée de la lettre publique. La première conserve un caractère oratoire, avec les règles rhétoriques qu'Érasme a proposées : suivre le modèle de la conversation et le style simple. Chez Fabri, puis dans le *Style et la manière de bien composer* (1553), l'idéal antique et la familiarité tentent de s'harmoniser. Encore très didactiques comme dans les *Épîtres* (entre 1524 et 1534) de Jean Bouchet, les lettres sont orientées vers un public éventuel et les auteurs les trient avant de les faire éditer. L'influence du Flamand Juste Lipse et des *Épîtres dorées* de l'Espagnol Guevara (traduites en 1558) est sensible dans l'orientation critique de la lettre littéraire, qui devient lieu de choix et de jugements sur des sujets divers : les *Lettres familières* (1578) de Marc-Antoine de Muret, celles de Pasquier (1586) et de Du Tronchet (1569) montrent aussi l'influence des recueils de Cicéron et de Sénèque.

Le *récit de voyage* prétend à la « vérité nue », mais les grands recueils publient ensemble des récits médiévaux, des géographes de l'Antiquité et des récits de voyageurs contemporains. Fiction, relations et sources livresques sont liées parfois dans une mise en scène *a posteriori* du voyage, qui doit produire un effet de réel : or celui-ci ne peut être obtenu que par la répétition des *topoï* du genre cosmographique... Dans le *Brief Récit* de Jacques Cartier (1545), le mythe intervient dans une scène de thaumaturgie et dans la description d'un pays d'abondance, mais n'empêche pas un début d'enquête linguistique. Le « moi » est moins celui qui a voyagé que celui qui écrit, malgré les plagiats et l'utilisation de « nègres », comme André Thévet faisant travailler un temps François de Belleforest (*Cosmographie du Levant,* 1554). Dans les *Singularités de la France antarctique* (1557) comme dans sa *Cosmographie universelle* (1575), Thévet affirme rhétoriquement son intention de dire vrai :

> C'est à savoir la disposition des lieux, en quelque climat, zone, ou parallèle que ce soit, tant de la marine, îles et terres fermes, la température de l'air, les mœurs et façons de vivre des habitants... ensemble d'arbres, arbrisseaux avec leurs fruits, minéraux et pierreries : le tout représenté vivement au naturel par portrait le plus exquis qu'il m'a été possible.
>
> Préface des *Singularités.*

Il va jusqu'à inventer le genre de l'exploration apocryphe, le voyage inventé après coup pour justifier l'écrit (*Histoire de deux voyages,* restée manuscrite).

Ce genre est naturellement tenté par la fragmentation : celle qui est due au temps et qui suit le journal de bord ; celle du lieu, et qui se retrouve dans les insulaires et atlas. *Le Journal de voyage en Italie* (publié en 1774), rédigé par Montaigne et son astucieux secrétaire, laisse cette impression d'expérience parcellaire et de subjectivité, alors que l'auteur n'est pas défini avec certitude. *L'Histoire d'un voyage fait en la terre de Brésil* (1578) de Jean de Léry est au contraire assumée, et unit la valeur d'une étude ethnographique à la mission du Réformé militant : le monde sauvage est en effet décrit comme ce qui ne peut pas porter la parole du Christ, et en même temps comme ce qui provoque à écrire. Les *Observations de plusieurs singularités* (1553) de Pierre Belon se fondent plutôt sur une écriture pittoresque et donnent un témoignage détaillé sur le monde turc.

Les *Mémoires* sont d'abord illustrés par deux anciens militaires devenus inactifs : Brantôme consigne ses souvenirs pendant trente ans dans les « Recueils d'aucuns discours », puis les organise à partir de 1609 en « Hommes » et « Dames », les célèbres « Dames galantes » n'en constituant que la deuxième partie. L'art est celui du conteur, la référence, celle de la cour. Il ne prétend pas philosopher sur l'Histoire et ne se prive pas de digressions personnelles ; il entend conjuguer le discours des autorités qu'il invoque et la vérité du vécu. Il semble plus objectif que Monluc, dont les *Commentaires* (1592) sont d'abord une justification. Sur le modèle de César, il a entrepris son récit dès 1570 et l'a enrichi d'amplifications et de longs récits de batailles. Cette activité d'écriture peut être considérée comme un effet de l'amertume du guerrier devenu inefficace sur l'échiquier politique.

Pierre de l'Estoile écrit des mémoires de collectionneur dans son *Journal du règne de Henri III* (1591), puisqu'il s'agit d'abord d'un rassemblement de pamphlets écrits pendant les troubles de la Ligue, et dont certains sont peut-être de lui. L'auteur se réclame de Montaigne et tisse son commentaire autour de ces textes, laissant cependant dans l'attente d'un « je » unificateur. La proximité de pièces diverses donne un aspect paradoxal et correspond à une forme d'engagement non polémique.

La *poésie encyclopédique,* historique ou scientifique, naît d'une tendance, présente chez les poètes de la Pléiade, à s'effacer devant la description de la réalité, ce que Ronsard avait évité. Les lapidaires et blasons de Belleau, de Jean de La Taille, dénoncent un didactisme de la description incompatible avec le lyrisme. Le *Microcosme* (1562) de Scève, ouvrage tardif qui tente de décrire les progrès de l'humanité vers la connaissance, entreprend l'énumération de tous les arts. Le *Premier Livre des poèmes* de Baïf (1573) est un exemple réussi de poésie scientifique, tandis que Pontus de Tyard dans l'*Univers* (1557) et *Mantice* (1558) expose deux conceptions différentes de la connaissance par l'astrologie. Déjà chez Peletier (*Amour des Amours,* 1555), la Nature était décrite dans le but de développer un système de connaissance, présent aussi dans cette évocation du diamant par Rémy Belleau :

> O pierre vraiment indomptable
> D'une dureté non violable
> Naissant du Cristal Indien [...]
>
> *Les Amours et nouveaux échanges*
> *des pierres précieuses,* 1576

Guy Lefèvre de la Boderie utilise le lyrisme appris auprès de la Pléiade et dans les *Psaumes* pour déployer l'érudition de son *Encyclie* (1571), et donner à son symbolisme une forme appropriée. La *Galliade, ou De la révolution des arts et sciences* (1578) approfondit cette entreprise dans un sens kabbaliste.

Du Bartas, qui avait tenté une pseudo-épopée avec la *Judith* (1567), regarde encore le modèle épique dans *la Semaine* (1578) et la *Seconde Semaine* (1584) : il tente de mimer en vers le discours créateur de Dieu, et le discours scientifique mêlé à la source patristique (saint Basile) cherche à donner l'idée d'une perfection continue jusque dans les accidents de l'Histoire.

> Ainsi qu'un bon esprit, qui grave sur l'autel
> De la docte mémoire un ouvrage immortel...
> Discourt sur son discours, et nage sur son livre :
> Ainsi l'Esprit de Dieu semblait, en s'ébattant,
> Nager par le dessus de cet amas flottant.
>
> *La Semaine,* « premier jour ».

Sa poésie qui, à certains égards, suit d'assez près les mouvements de Ronsard, en est cependant radicalement différente par l'aspect démonstratif des images.

Le *commentaire* a pu évoluer jusqu'à l'*essai,* car l'un des sens du mot « commentarius » comprenait l'idée d'un journal et de notes personnelles. La possibilité de digression contenue dans le genre du commentaire n'invite pas seulement au remplissage grâce à d'autres textes rapprochés et cités, mais encore à l'émission de jugements personnels que la comparaison entre ces différents textes suscite, sur le modèle des commentaires juridiques ainsi que des notes marginales. De la digression on passe à l'auto-digression, puis au retournement du rôle dévolu au texte-source : au lieu d'être la base d'un prélèvement de mots à expliquer, le texte premier n'est plus que le résultat de ce prélèvement, à savoir la citation, qui devient alors le prétexte à un commentaire : c'est l'art de la *leçon,* que l'on peut considérer comme un commentaire inversé. Elle investit la citation-base, qui devient thème ou sujet de réflexion. Les *Variae Lectiones* (1580) de Muret, le *Théâtre du Monde* (1558) de Boaistuau, se justifient ainsi de l'accusation de « rhapsodie », puisque c'est la variété des citations-prétextes qui provoque la disparité des sujets. Les *Diverses Leçons* de l'espagnol Pierre Messie servent de modèle, et l'on retrouve ce procédé dans l'essai III, 5 (« Sur des vers de

Virgile »), que Montaigne appelle « notable commentaire ». Les formes de ce nouveau type pourront être extrêmes, selon la part que le sujet investira : forme-limite de l'essai montanien, et jamais imitée ; à l'opposé, la compilation proche du centon en prose, montage de citations comme dans la *Sagesse* (1591) de Charron ou les *Diverses Leçons* de Jean-Pierre Camus (1609-1610). Dans son versant « essai », le commentaire favorise l'art conjectural et rejoint l'effet du dialogue philosophique ; dans son aspect « leçon », il est vulgarisation méthodique.

Écrits pragmatiques

Ces textes relèvent d'un point de vue pragmatique dans la mesure où, dès l'acte d'écriture, ils prétendent modifier l'opinion du lecteur.

Le *dialogue* est une forme de discours persuasif particulièrement développé, d'abord en latin, puis de plus en plus souvent en français. De nombreux dialogues pédagogiques utilisent une alternance factice, car le deuxième interlocuteur a surtout un rôle de faire-valoir. Les *Colloques* d'Érasme, les dialogues de Lucien invitent à la pratique du dialogue satirique, comme dans les *Dialogues* de Jacques Tahureau (1565), où le personnage du « Democritic » dénonçant femmes et faux savants développe considérablement ses réponses : il n'y a pas de « dialogisme » entre les deux voix qui ne s'opposent pas. Un autre procédé consiste à mettre en scène des personnages réels à qui l'on attribue divers propos, comme le fait Antoine Loisel dans son *Dialogue des avocats* (1602), Guy de Bruès (1557) et Louis Le Caron (1556) : les personnages, chez ce dernier, n'ont guère de rapport avec la réalité et les opinions de l'auteur n'apparaissent en rien soumises au dialogue.

Le *Monophile* (1554) et les *Colloques d'amour* (1555) de Pasquier continuent à cultiver une forme qui a pu être utilisée dans le discours polémique (Érasme et Dolet) ou de propagande (Luther) ; en français, le Suisse Pierre Viret lutte contre les « libertins spirituels » dans un *Intérim fait par dialogues* (1565). Le dialogue est supposé persuader facilement, y compris dans le domaine philosophique, mais n'est souvent qu'une suite de longs monologues, comme dans *De la constance* (1597) de Du Vair.

Le *paradoxe* a sa raison d'être dans une sorte de provocation : mis à la mode par les *Paradossi* de Landi en 1543, il se propose comme point de départ d'un raisonnement-plaidoyer virtuose, d'autant plus que l'opinion à défendre s'éloigne du commun (par exemple, que « la guerre est plus à estimer que la paix ») ; il s'agit d'abord d'un jeu, connu au Moyen Âge, mais dont Érasme avait fait une arme de choix dans l'argumentation évangéliste, avec la « folie » du Christ. Intrusion « de l'érotique dans la logique » selon Claude-Gilbert Dubois, il peut être instrument de pensée lié à la rhétorique de la déclamation. Ainsi le *Discours sur la servitude volontaire* (composé en 1548) de La Boétie se situe en dehors de tout engagement pratique pour examiner le problème de la tyrannie en soi et essayer une pensée-limite. Dans le même sens, il est peut-être la base des prosopopées ironiques chez Montaigne, ou de l'irresponsabilité de Panurge dans l'« Éloge des dettes » (*Tiers Livre,* 3 et 4). Le paradoxe est aussi un moyen heuristique très proche de l'hypothèse, selon le sens que le médecin Laurent Joubert donne à ses *Paradoxa* (1566), ce qui explique aussi le titre de ses célèbres *Erreurs populaires touchant au fait de la médecine* (1578). Après les années 1580, le paradoxe conserve sa grande faveur (Benigne Poissenot, *Traité paradoxique en dialogue,* 1583), mais devient souvent polémique comme dans le cas des *Paradoxes* d'Odet de la Noue (1588), ou à nouveau orienté vers le jeu de la « pointe », cette fois baroque et non plus humaniste.

Un texte peut devenir polémique quand il est utilisé à cette fin ; par exemple, le *Discours de la servitude volontaire* change de sens quand il paraît dans un recueil de pamphlets protestants, le *Réveille-Matin des Français,* cas de détournement très fréquent pendant les guerres. Mais le premier degré de la polémique est la satire, souvent liée, au début du siècle, aux problèmes du gallicanisme et de l'évangélisme. La *Chasse au cerf* (vers 1510) de Pierre Gringore critiquait comme maints autres textes les abus de l'Église. La forme peut être poétique, comme dans le cas particulier du coq-à-l'âne de Marot. Elle s'inscrit souvent à l'intérieur de textes qui relèvent d'un autre genre et restent alors dans l'ambiguïté *(Tragiques, Pantagruel).* À la fin du siècle et au début du suivant, la poésie satirique sera illustrée par Nicolas Rapin, Jean Passerat, Jean de la Taille et Régnier.

Le *pamphlet,* qui peut avoir des formes et des intentions très diverses, s'inscrit dans une situation immédiate. Il a souvent la structure d'un *discours* (Ronsard, « Remontrance au peuple de France », 1563), réponse à la provocation d'un autre discours ou d'un fait. La polémique entre Ronsard et les protestants en fournit un exemple, et aussi les *Discours politiques et militaires* de François de la Noue (1587). Des recueils seront constitués plus tard de ces feuilles volantes qui circulaient pendant les troubles (Recueil « Rasse de Nœux »).

Le style de Lucien utilisé à des fins polémiques est magistralement illustré par la *Satyre Ménippée* (1594), rédigée par divers auteurs (dont Nicolas Rapin, Jean Passerat, Pierre Pithou) situés dans le camp des « Politiques », des catholiques modérés et des robins. L'ouvrage comprend une partie scénique dans la veine des parades carnavalesques médiévales, constituée de harangues grotesques débitées par les partisans ultra-catholiques. En revanche, la grande harangue classique du sieur d'Aubray, porte-parole des « Politiques », est un modèle d'ordre rhétorique, proche du style de l'avocat Du Vair. Plus que la *Confession du Sieur de Sancy* (rédigée en 1593) de d'Aubigné, l'*Apologie pour Hérodote* (1566) d'Henri Estienne marque la liaison essentielle entre la satire et le « satyre », monstre des « sauts et gambades », par lequel la forme bigarrée est rapportée à l'intention polémique. La *Comédie du pape malade* (1561), de Conrad Badius, utilise efficacement la forme de la comédie engagée pour mettre en scène et ridiculiser des personnages réels (Villegagnon, Artus Désiré), hostiles au parti protestant.

La littérature de propagande existe aussi dans les justifications de la Saint-Barthélemy trouvées sous la plume de Dorat, Jodelle, Pibrac. Mais il est significatif que le terme de « polémique » soit utilisé pour la première fois par Bèze en 1576, dans l'idée d'une parole adressée à des adeptes potentiels. Il faut rallier les troupes, ce que cherche Calvin dans les *Traités des reliques* (1543), exclure les dissidents

(*Traité des scandales,* 1550), dans des textes où la parole de Dieu apparaît expressément comme un glaive. Il ne s'agit plus de disputation théologique, mais de cri. *La Mappemonde papistique* (1561) attribuée à Bèze compare Rome au Brésil des Cannibales et se sert de la thématique extrêmement fréquente du monde renversé. *Le Tigre* (1560) de François Hotman est destiné à un ennemi particulier, le cardinal de Lorraine, avec la fonction superlative que donne le bestiaire. Mais les calvinistes sont attaqués de leur côté par Gentian Hervet qui dénonce la rhétorique de la fausseté, et par des « libertins » comme Guillaume Guéroult, ancien Réformé qui écrit une « Épître du seigneur de Brusquet aux magnifiques et honorés syndics de Genève » (1559), où les calvinistes portent les lunettes de Folie ; comme aussi l'auteur inconnu de l'*Antidote ou Contrepoison* (1599) marqué par de nombreux emprunts aux *Essais*. Enfin Étienne Pasquier écrit un « Catéchisme des jésuites » dans ses *Lettrines* (1602), dialogue où se produit un Jésuite de comédie, sur un ton qui annonce *les Provinciales*.

BIBLIOGRAPHIE

Recueils d'études générales

L'Automne de la Renaissance, 1580-1630, Vrin, 1981.

Formes brèves de la prose et le discours discontinu (XVIe-XVIIe s.), éd. J. Lafont, Vrin, 1984.

La Notion de genre à la Renaissance, éd. G. Demerson, Slatkine, 1984.

Formes lyriques

THIRY C., *la Plainte funèbre. Typologie des sources du Moyen Âge occidental,* Turnhout Brepols, 1978.

SCOLLEN Christine M., *The Birth of the Elegy in France (1500-1550),* Droz, 1967.

HULUBEI A., *l'Églogue en France au XVIe siècle. Époque des Valois (1515-1589),* Droz, 1938.

Le Genre pastoral en Europe du XVe au XVIIe siècle, Presses Universitaires de Saint-Étienne, 1980.

Genre narratif

LORIAN A., *Tendances stylistiques dans la prose narrative française au XVIe siècle,* Klincksieck, 1973.

PÉROUSE G.-A., *Nouvelles françaises du XVIe siècle. Images de la vie du temps,* Droz, 1977.

REYNIER G., *le Roman sentimental avant l'Astrée,* 1908, rééd. A. Colin, 1971.

SOZZI L., *les Contes de Bonaventure Des Périers. Contribution à l'étude de la nouvelle française à la Renaissance,* Giapichelli, Turin, 1965.

SOZZI L., *la Nouvelle française à la Renaissance,* Slatkine, 1981.

Genre théâtral

Ouvrages généraux

ACCARIE M., *le Théâtre sacré de la fin du Moyen Âge. Étude sur le sens moral de la Passion de Jean Michel,* Droz, 1979.

COHEN G., *Études d'histoire du théâtre en France au Moyen Âge et à la Renaissance,* Gallimard, 1956.

LAZARD M., *le Théâtre en France au XVIe siècle,* P.U.F., 1980.

LEBÈGUE R., *Études sur le théâtre français. Moyen Âge, Renaissance, Baroque,* t. 1, Nizet, 1977.

Le comique, la farce, la sotie

LAZARD M., *la Comédie humaniste en France et ses personnages,* P.U.F., 1978.

LEBÈGUE R., *le Théâtre comique en France de Pathelin à Mélite,* coll. Connaissance des lettres, Hatier, 1972.

LEWICKA H., *Études sur l'ancienne farce française,* Klincksieck, 1974.
REY-FLAUD B., *la Farce ou la machine à rire. Théorie d'un genre dramatique, 1450-1550,* Droz, 1984.
TISSIER A., *la Farce en France de 1450 à 1550* (avec textes), SEDES, CDU, 1981.
AUBAILLY J.-C., *le Monologue, le Dialogue et la Sottie. Essai sur quelques genres dramatiques de la fin du Moyen Âge et du début du XVIe siècle,* Champion, 1976.
Le Recueil Trepperel, éd. par E. Droz, Droz, 1935-1961, 2 vol.

La tragédie
CHARPENTIER F., *Pour une lecture de la tragédie humaniste, Jodelle, Garnier, Montchrestien,* Presses Universitaires de Saint-Étienne, 1979.
FORSYTH E., *la Tragédie française de Jodelle à Corneille (1553-1640),* Nizet, 1962.
LEBÈGUE R., *la Tragédie religieuse en France, les débuts (1514-1573),* Champion, 1929.

La disposition scénique
KÖNIGSON E. et JACQUOT J., *le Lieu théâtral à la Renaissance,* CNRS, 1964, 1968.
REY-FLAUD H., *le Cercle magique. Essai sur le théâtre en rond à la fin du Moyen Âge,* Gallimard, 1973.

La communication

La poésie
DAUPHINÉ J., *Guillaume Salluste Du Bartas, poète scientifique,* Belles-Lettres, 1983.
SCHMIDT A.-M., *la Poésie scientifique en France au XVIe siècle,* Albin Michel, 1938.

Le dialogue
BENOUIS M.-K., *le Dialogue philosophique dans la Littérature française de la Renaissance,* Mouton, 1976.
KUSHNER E., « le Dialogue en France de 1550 à 1560 » dans *le Dialogue au temps de la Renaissance,* Touzot, 1984.

Le paradoxe
COLIE R.-G., *Paradoxia Epidemica. The Renaissance Tradition of Paradox,* Princeton University Press, 1966.
Le Paradoxe au temps de la Renaissance, actes de colloque, Touzot, 1982.

Le commentaire
CHARLES M., *l'Arbre et la Source,* Seuil, 1985.
COMPAGNON A., *la Seconde Main, le travail de la citation,* chap. sur Ramus et Montaigne, Seuil, 1985.

CADRE LITTÉRAIRE

La critique

JEHASSE J., *la Renaissance de la critique. L'Essor de l'humanisme érudit de 1560 à 1614,* Presses Universitaires de Saint-Étienne, 1976.

La grammaire et l'orthographe

BRUNOT F., *Histoire de la langue française,* t. 2, A. Colin, rééd. 1967.

DEMAIZIÈRE C., *la Grammaire française au* XVIe *siècle. Les Grammairiens picards,* Didier, 1983.

LIVET C.-L., *la Grammaire française et les Grammairiens du* XVIe *siècle,* Didier et Durand, 1859.

La littérature polémique

LENIENT C., *la Satire en France ou la littérature militante au* XVIe *siècle,* Hachette, 1866.

PINEAUX J., *la Poésie des protestants de langue française (1559-1598),* Klincksieck, 1971.

Le Pamphlet en France au XVIe *siècle,* actes de colloque, École normale supérieure de jeunes filles, 1983.

Traditions polémiques, ibid., 1985.

FIGURES

JEAN LEMAIRE DE BELGES (1473 ?-1516 ?)

Jean Lemaire illustre la sérénité de l'« ouvroir » poétique, le travail calme d'une inspiration sûre d'avoir dans la technique l'alliée la plus évidente.

Servir les pouvoirs et la rhétorique

Né à Bavai (Belges) dans le Hainaut, Jean Lemaire appartient à une province rattachée à la Bourgogne : son parrain, le rhétoriqueur Jean Molinet, est historiographe du duché. Il reçoit la tonsure et fait probablement des études à l'Université de Paris, avant d'être employé comme clerc de finances par Pierre II de Bourbon, mari d'Anne de Beaujeu. Celui-ci meurt bientôt et Lemaire, encouragé à la poésie par Guillaume Crétin, compose un prosimètre funéraire, *le Temple d'Honneur et de Vertu* (publ. 1504) : utilisant la riche tradition du mythe du Mont de Vertu (d'Hésiode à Boccace), ainsi que le genre pastoral médiéval, et subissant des influences plus récentes (pétrarquistes italiens, Molinet), il témoigne d'une vaste culture classique, d'un sens des nouveaux rythmes (première utilisation de la *terza rima* italienne en France) et d'une fidélité à l'allégorie qui compose déjà avec l'emblématique renaissante : des « images taillées », formant en acrostiches des devises et le nom du défunt, sont livrées à l'interprétation des personnages. La mort de son protecteur suivant, Louis de Luxembourg, lui inspire *la Plainte du Désiré,* où il trace d'élégants portraits de Nature et de Peinture ; sous les allégories, on peut sentir le réel impact de l'art flamand et particulièrement de Jean Pérréal (dit Jean de Paris), peintre et organisateur de fêtes. L'impuissance de dame Rhétorique à consoler peut être comprise comme une reconnaissance de la supériorité de la peinture dans la concurrence des arts, d'autant plus que Lemaire cite aussi des peintres italiens de l'époque comme Léonard. Passé au service de Marguerite d'Autriche, il a cette fois à déplorer la mort de Philibert de Savoie (1504) dans une *Couronne margaritique* plutôt adressée à sa femme : dix philosophes et poètes choisissent des pierres précieuses, des fleurs, des vertus et des femmes légendaires suivant les initiales de Marguerite, prétexte au déploiement d'une poésie allégorique et encyclopédique dont Rémy Belleau se souviendra. Les *Épîtres de l'amant vert* (1505) commencent aussi comme une (fausse) déploration... Puis Lemaire voyage en Italie et lorsque Philippe le Beau meurt, il écrit pour Marguerite *les Regrets de la Dame Infortunée* qui proposent des variations ingénieuses autour de la lettre M (comme Mort), dans un lettrisme de rhétoriqueur. À l'occasion de l'« Oraison funèbre de Molinet », il écrit ses premiers alexandrins, et il est alors historiographe à la cour de Bourgogne. Marguerite lui confie la construction de l'église de Brou, futur mausolée, mais il devra l'abandonner pour des raisons techniques. Après avoir écrit les *Chansons de Namur* (1507) qui se moquent de la déroute des Français, Lemaire se rapproche de la cour de France et se lie avec Symphorien Champier. En 1509, il obtient le privilège pour ses *Illustrations de Gaule* (L. I), qu'il publiera avec un *Traité des Schismes,* très gallican, et un *Blason de Venise,* antivénitien (1510-1511). Conseiller des Princes, il écrit une astucieuse *Épître du Roi à Hector* contre le pape et traduit l'histoire d'Ali, par laquelle il suggère d'utiliser les divergences entre les sectes mahométanes. Devenu chroniqueur de la reine Anne de Bretagne en 1512, il semble ne publier ensuite que les IIe et IIIe Livres des *Illustrations* (1513).

Temples de l'avenir

La Concorde des deux langages (1511) ressemble à un rêve à la fois politique, linguistique et poétique. Politique dans la recherche des points communs entre la France et l'Italie par l'intermédiaire de la langue ; poétique par l'utilisation d'une forme variée et par le désir d'unifier culture classique et tradition chrétienne. Le Prologue est un débat entre les défenseurs de deux langues, mais les allégories qui suivent dépassent le problème des dignités respectives des idiomes. Le Temple de Vénus, situé significativement sur Fourvière, haut lieu de la Gaule, allie élégance architecturale et esprit festif. L'hommage rendu à Vénus est une véritable messe, sans que ce syncrétisme fasse problème. La musique y joue un rôle essentiel, montrant les recherches contemporaines d'équivalences entre les sons et les mots, comme chez Josquin des Prés ou Guy Ockeghem. Le Temple de Minerve complète mais ne concurrence pas celui de Vénus, même s'il couronne l'effort vers les sciences. Servir la Nature et la France grâce au labeur de l'éloquence poétique, tel est le message renvoyé spéculairement par le livre de *la Concorde,* présenté dans un miroir à la fin du texte, mais cette fois sous forme d'images peintes.

L'invention du passé

Les *Illustrations de Gaule* qui portent aussi le titre de *Singularités de Troie* seront la source des arguments « celtophiles » de Postel à Ronsard. La grande culture de l'auteur est montrée par l'abondance des sources alléguées, toutes prises pour « authentiques ». Grâce au pseudo-Bérose et à Manéthon, Lemaire peut dans le premier Livre croiser toutes les mythologies et rattacher, étymologiquement et mythiquement, les noms anciens à l'onomastique européenne. Il construit ainsi une antériorité poético-historique des Gaules, qu'il peut aisément amplifier par quelques « fables en passant », dans le goût pastoral : ainsi l'enfance de Pâris sur le mont « Idées » et son mariage avec la nymphe ont des allures d'églogues (chap. 22-29). La description des trois déesses, que le berger exige de voir nues, est l'occasion d'un morceau maniériste par l'accent mis sur l'ornement ; Apulée et Fulgence y sont curieusement utilisés dans une « moralisation » risquée : Junon (le pouvoir royal) et Minerve (les arts libéraux) sont laissées au profit de Vénus, la Poésie (chap. 33). Pâris aux jeux de Troie est prétexte à relation de tournois (chap. 38-39), avant que le Livre II ne refasse l'*Iliade* à sa manière : en effet, Lemaire donne parfois plusieurs versions différentes d'un même épisode (la mort de Philoctète par exemple). Il ne procèdera pas de cette façon au Livre III, qui doit donner la preuve de l'existence de ce fameux bâtard d'Hector, Francus, miraculeusement sauvé du massacre. Pièce essentielle au rapprochement de la Gaule et de Troie, Francus est aussi la raison du cousinage entre Germains et Francs. Comme le Livre I avait déjà établi la parenté entre les Tusques (Toscans) et les Gaulois, l'histoire ainsi « illustrée », pour laquelle Lemaire avoue avoir « beaucoup veillé et travaillé », permet de construire une Europe au moins linguistiquement justifiée. L'alliance des peuples européens ne se fait pas seulement contre les Turcs, mais dans le sentiment d'une unité générique, où la parenté entre les Scythes et les Celtes unit géographie, textes sacrés et histoire païenne.

L'âme en vert

D'une tout autre veine sont les *Deux Épîtres de l'amant vert,* appréciées pendant tout le siècle, y compris par les poètes de la Pléiade. Pour la première fois, un texte montre une utilisation originale d'une source connue. Lemaire a lu l'élégie où Ovide pleure la mort du perroquet offert à sa maîtresse, mais il se trouve que l'oiseau de Marguerite a existé. Comme il s'agit de rivaliser avec les modèles italiens, notamment pour l'épître en vers, l'auteur utilise toutes les ressources d'un art consommé de rhétorique, avec effets rythmiques et argumentation, augmentées de l'humour léger autorisé par le thème : l'oiseau peut décrire à sa manière les Enfers ou rappeler impunément les privautés dont il jouissait. L'aspect factice est donc équilibré par le rappel d'une réalité transformée au profit de la poésie, modifiant l'objectif surtout intellectuel des rhétoriqueurs vers le relief vivant du style marotique.

FRANÇOIS RABELAIS
(1484 ?-1553)

On ne sait toujours pas si Rabelais est plus médiéval que renaissant, plus gnostique que chrétien. Il a ouvert tant de portes et roulé tant de tonneaux ! Son ami lecteur ne peut être qu'heureusement déplacé de ses certitudes.

Succès et scandales

L'auteur naît dans le Chinonais, d'un père avocat. Même s'il semble avoir de solides connaissances juridiques, il est destiné aux ordres : d'abord franciscain à Fontenay-le-Comte (1511), où il peut recevoir quelque influence humaniste, notamment platonicienne, il sera autorisé par le pape à passer chez les Bénédictins (1524), plus favorables à la nouvelle culture. Connaissant Budé, Rabelais avait entrepris l'étude du grec, mais s'était vu un moment confisquer ses livres grecs. Il étudie ensuite la médecine à Montpellier (1530), et sa carrière médicale et littéraire commence en 1532, à Lyon, quand il exerce comme médecin à l'Hôtel-Dieu et publie les *Lettres médicales* de Manardi, les *Aphorismes* d'Hippocrate, le *Testament de Cuspidius* (apocryphe) et, probablement pour la foire de septembre, un livret populaire anonyme, *Pantagruel* : le médecin philologue se double d'un amuseur réfléchi. L'affaire des Placards (1534) retarde peut-être l'impression du *Gargantua,* où les préoccupations politiques et humanistes transparaissent davantage. Rabelais est alors au service de Guillaume, puis de Jean du Bellay ; il les suit dans leurs déplacements diplomatiques, notamment en Italie, et bénéficie de la faveur royale, malgré les interdictions qui frappent l'un après l'autre ses romans. En 1546, après la condamnation du *Tiers Livre,* il est conseiller à Metz, ville impériale, puis, lors d'un dernier voyage à Rome (1547-49), il rédige la *Sciomachie.* En 1548, une première version des onze premiers chapitres du *Quart Livre* paraît, probablement d'après des brouillons laissés à l'éditeur. En même temps, l'attaque de Calvin contre les « libertins », dont Rabelais, s'exprime dans le *Traité des scandales,* redoublée par celle des catholiques stricts, que Rabelais fustigera avec les « maniacles imposteurs de Genève ». Son apostasie lui permet de faire reconnaître ses enfants, d'exercer la médecine et d'obtenir le bénéfice de cures, dont celle de Meudon, à laquelle il ne s'intéressera guère. Praticien et grammairien, il révise soigneusement son œuvre, d'après la « censure antique », et le *Quart Livre* paraît en entier en 1552, avec un nouveau Prologue. Les nombreuses éditions, les plagiats et influences diverses du vivant même de l'auteur, attestent du succès des romans. Mais le public et la postérité auront tendance à attribuer une débauche et un « athéisme » posthumes à un homme probablement religieux, de « franc et loyal courage », plus pantagruéliste que libertin.

Caractéristiques générales de l'œuvre

Les quatre romans attestés ont chacun une autonomie d'écriture, même s'il est d'usage de regrouper le *Pantagruel* et le *Gargantua* d'une part, le *Tiers* et le *Quart Livre* d'autre part, à cause de l'écart chronologique entre les deux groupes (1534-1546). Cependant, on peut considérer globalement :

1. *Le rapport à l'actualité :* plus marqué dans *Gargantua,* il est toujours présent par de nombreuses allusions et met en cause le temps épique. Rabelais défend la politique gallicane contre les « Papimanes », se moque des miracles opérés par les Décrétales *(Quart Livre)* et justifie la politique de François Ier contre Charles Quint *(Gargantua).* Il se défend des injures des « Cannibales » genevois et sorbonicoles en se référant à l'esprit érasmien : évangélisme, religion avant tout christique, hostile aux superstitions et pèlerinages. Mais la place tenue par la guerre, même juste et défensive, est peu érasmienne. La fiction reste première, surtout lorsqu'il s'agit de viser les cibles classiques, moines oisifs et gens de justice (« Chicanous »).
2. *Le « pantagruélisme » :* il oscille entre une définition

de bon vivant, « vivre en paix, joie et santé, faisant toujours grande chère », et une élévation chrétienne et stoïcienne, dans le « mépris des choses fortuites » et le fait de « mettre tout en nonchaloir ». Cette tranquillité de l'âme (cet « hésuchisme » selon Verdun-Louis Saulnier), qui n'affecte pas seulement les bons géants, mais aussi certains de leurs compagnons, a cependant besoin de l'aiguillon panurgien, ou de la truculence de Frère Jean, pour exister comme principe romanesque.

3. *L'esprit carnavalesque :* il est lisible soit dans la description de rites précis (l'arrachage de la figue, *Quart Livre*), soit dans une thématique qui en relève. Le gigantisme et le monde renversé, l'omniprésence du sexe et de la nourriture, sont mis en scène par le rire humaniste et son attention aux éléments d'une culture orale ; romans-banquets, les quatre livres qui formeront le *Pantagruel* dans l'édition définitive sont donnés à voir et à entendre. À voir, car il s'agit bien souvent d'un défilé de chars, et d'une parade grotesque ; à entendre, grâce au narrateur-bonimenteur qui vante son produit et engendre une prolifération de récits et d'anecdotes dits par des conteurs-personnages. Boire du vin « clairet » sert d'enthousiasme à ce sympose où les repas ponctuent l'action, laissant à l'improvisation son rôle d'excroissance à partir d'un canevas. Rabelais a confiance dans le génie du verbe et des « mots qui se mâchent » (Michel Butor), et les thèmes récurrents que nous découvrons indiquent plutôt nos réticences à accepter le projet d'une im-prévision.

4. *La bigarrure :* bâtis et surfilés plus que cousus, les romans rabelaisiens emploient la dynamique étrange de l'inachèvement et de l'erreur généralisée. Errance des personnages disponibles aux rencontres, erreurs providentielles de Panurge qui permettent de ne jamais arriver au but, que celui-ci soit le Mot de la Dive Bouteille, ou la reconnaissance de sa propre folie. Le caractère ménippéen, clairement affirmé dans le Prologue du *Quart Livre,* perturbe le propos et installe un discours de la fantaisie avec ses « esclaves bigarrés ». Le gigantisme se gonfle et s'amenuise au gré des besoins romanesques, et l'écriture s'enfle en blasons et énumérations qui risquent l'inventaire métaphorique du monde. La *copia* humaniste, qui mobilise

le savoir du médecin encyclopédiste et du moine, s'intègre dans ce roman des mots.

5. *L'ambiguïté :* la fiction dérangée par l'actualité et réciproquement, et la mise en pièces des messages sérieux par le mage-buveur, rendent une lecture sûre d'elle-même difficile. Rabelais a mis en perspective les ambiguïtés de son texte dans le Prologue de *Gargantua,* où il revendique d'abord une « moelle » à déguster sous l'os ; la critique, interprétant souvent cette opposition comme celle du sérieux couvert de ses audaces par un comique sans risque, se sent autorisée à développer la « doctrine plus absconse » d'un Rabelais prudent ou joueur. Contre son époque qui aimait les emblèmes univoques et forcés, Rabelais redonne à lire la multiplicité d'un réel stratifié par des siècles d'autres lectures.

Pantagruel (1532) : l'héroïsme du verbe

Le plus bigarré des romans rabelaisiens est marqué d'anomalies, liées surtout au personnage de Panurge : les deux chapitres IX de l'édition primitive sont provoqués par la rencontre du futur compagnon de Pantagruel, et la narration épique est retardée par la relation picaresque de ses exploits. Le roman change de héros. Pantagruel avait triomphé dans une controverse fatrasique, et Gargantua avait résolu par une argumentation à la fois spécieuse et créative le dilemme de la mort de Badebec ; Panurge vaincra dans la disputation par signes. Alors que le géant ne supportait pas le langage artificiel de l'écolier limousin, il admire chez Panurge une virtuosité linguistique fondée sur la connaissance des langues et la rhétorique des styles. C'est Panurge aussi qui, de sa chaude braguette, ressuscite Epistémon, par un exploit répondant aux prouesses guerrières de son maître. La structure narrative est donc modifiée par les relations complémentaires, antithétiques ou substitutives des personnages, qui laissent au second plan le brassage des thèmes. La quête du sens devient dynamique romanesque et préfigure, dans une problématique du savoir, l'élément moteur du *Tiers* et du *Quart Livre.*

Gargantua (1534) : exploits et utopies

Ce roman est aussi construit sur des aspects contrastifs : l'éducation scolastique s'oppose à la pédagogie humaniste ; l'idéal de paix est défendu par Grandgousier contre l'invasion picrocholine, mais Frère Jean réalise une joyeuse boucherie dans le clos de Seuillé pour défendre la vigne ; l'abbaye de Thélème, envisagée comme un anti-couvent et un anti-État, avec la devise « Fais ce que voudras », propose une vie d'harmonie des « bien nés » et de communauté répétitive ; les « Fanfreluches antidotées » n'ont pas de sens évident, et l'« énigme en prophétie », au moins deux ; l'enfance de Gargantua est une suite d'exploits qui culminent dans l'invention d'un torche-cul, mais le géant porte en emblème l'Androgyne, symbole de perfection ; les « propos des bien ivres », uniquement performatifs, s'opposent aux belles harangues d'Ulrich Gallet ou Eudémon... Le vin mène aussi bien à la vérité qu'à la cacologie d'un Janotus de Bragmardo, si bien que toute illusion de maîtrise du sens est une occasion, pour l'auteur, de le laisser échapper.

Le Tiers Livre (1546) : la narration se fait dialogue

Rabelais laisse son pseudonyme, « Alcofrybas Nasier », mais reprend l'allégorie du tonneau pour désigner le travail de l'écrivain. Le thème n'est plus la geste gigantale, mais la question philosophique et sociale du mariage de Panurge, laquelle s'annonce comme un paradoxe : connaître l'avenir, pour éventuellement le contester. Le texte est structuré par les deux éloges qui l'encadrent, éloge des dettes par Panurge, orienté sur le verbe charnière « devoir » ; le devoir de Charité se superpose à la dette financière dans un système d'échange macro-microcosmique. En revanche, l'éloge du pantagruélion n'est pas assumé par un personnage et déploie les utilités diverses du lin et du chanvre dans une écriture cumulative et encyclopédique. Entre ces pôles, le texte progresse grâce à deux séries de divinations, l'une textuelle, l'autre humaine, et surtout grâce au dialogue : la consultation de Trouillogan (35-36) montre comment le sens se construit par rapport à autrui, et comment le scepticisme est la prise en compte du discours de l'Autre.

Pantagruel interprète des signes n'est pas plus « vrai » que Panurge : utilisateur de lieux communs quand son compagnon louvoie dans les circonstances, son discours n'est guère soutenu que par les autorités qu'il allègue. La divergence d'opinions génère la quête de la Bouteille et de son Mot, suggérée par la bouteille vide du fou Triboulet. La folie de Panurge (son amour de soi), celle du fou de cour (signes obscurs et vides) expriment le déplacement de l'objet du désir et justifient le livre suivant.

Le Quart Livre (1552) : l'espace de la création linguistique

Le voyage a une fonction diégétique, puisque la petite communauté réunie autour de Pantagruel navigue d'île en île, avec toute la liberté que promettent la mer et ses obstacles obligés : tempête, monstres, peuples étranges. L'itinéraire rappelle celui de Cartier mais les sources sont livresques : les Andouilles et Bringuenarilles viennent du *Disciple de Pantagruel.* Les épisodes, grâce à la structure insulaire, s'organisent en couples plus ou moins symétriques comme celui des Papefigues et des Papimanes, et n'empêchent pas l'imbrication des récits, à l'exemple du conte du « Diable, du laboureur et de la vieille ». Pendant le développement des chapitres discursifs, le voyage suspend sa temporalité. Le rapport concurrentiel entre sa durée et celle du discours est illustré par l'épisode de Carêmeprenant : celui-ci est un espace anatomisé et une époque du bréviaire ; le discours que l'on tient sur lui remplace donc une visite et les voyageurs, en l'évitant, ont passé cette époque fâcheuse et grise. Progressivement, la peur de Panurge augmente avec le sentiment de l'instabilité des choses et de la mer, car les signes bougent et produisent des monstres et prodiges : les « paroles gelées » (55-56) sont des bruits de bataille et de canons, et des « mots de gueule » fixés par la tradition ou revivifiés par les plaisanteries. Dans ce livre en effet, Rabelais maîtrise et féconde le pouvoir significatif du langage par une onomastique remotivée, des mots-valises monstrueux et des « Alliances » incestueuses de clichés ; nulle part l'arbitraire du signe affirmé par Pantagruel dans le *Tiers Livre* n'est mieux prouvé : la liberté du signifiant est nécessaire pour que l'auteur poète propose son bon plaisir. C'est une raison de plus pour douter de l'authenticité de la *Brève Déclaration* qui, accompagnant le *Quart Livre,* prétend établir définitivement le sens de certains termes.

Le Cinquième Livre (1562) : le livre du disciple

Déjà contesté au XVIe siècle, ce livre serait, selon la thèse de Mireille Huchon et l'analyse statistique, une compilation de brouillons que Rabelais destinait aux livres antérieurs ; cette hypothèse expliquerait l'incontestable réussite de certains passages (île d'Outre, île d'Odes, Ouï-dire) et le ton indéniablement rabelaisien. Mais la clarté du message final, le « Trinch » de la Dive Bouteille, alliée au symbolisme ennuyeux d'une quintessence excessive, concorde mal avec l'ironie du reste de l'œuvre. La violence de la critique contre l'Église, la Justice et les finances est loin du style « ménippéen » du maître, et a pu faire penser à un pamphlétaire protestant. Le Mot est trop évidemment livré aux « gentils esgousseurs de fèves » que nous sommes et, à moins d'effectuer une lecture résolument orientée par l'idée d'un Rabelais gnostique, maçon et pythagoricien, la mystique du vin est trop simpliste pour donner au *Pantagruel* sa véritable fin.

MARGUERITE DE NAVARRE (1492-1549)

Marguerite de Navarre étonne par les contrastes qui résument ceux de son époque : le talent de la forme dit la chair aussi bien que l'Esprit.

Politique et spiritualité

Sœur de François Ier et grand-mère d'Henri IV, la reine de Navarre joue un rôle important comme protectrice des Lettres et des nouvelles idées, et comme négociatrice politique (après Pavie), avant de se distinguer par ses propres productions littéraires.

En 1521, elle est proche du « groupe de Meaux », animé par son évêque Briçonnet, avec lequel elle entretiendra une correspondance importante pour sa vie spirituelle. Ses poèmes, inspirés par une théologie affective proche du nicodémisme, font d'elle la cible de Noël Béda qui interdit en 1533 le *Miroir de l'âme pécheresse,* édité avec le *Dialogue en forme de vision nocturne.* Méditation versifiée, cette poésie de facture marotique et italianisante *(terza rima)* utilise les thèmes traditionnels de la mystique (les « prisons » et les « lacs » de la chair) pour valoriser l'esprit et le séparer radicalement de la servitude du péché. Moins graduelle que le ficinisme, sa philosophie de l'amour insiste sur la Grâce indispensable. Après cette affaire, où elle est soutenue par le roi, elle séjourne surtout dans le Midi (Nérac, Pau) et à Lyon ; l'influence des spirituels augmente, du fait de la « miraculeuse » guérison de sa fille Jeanne d'Albret en 1538. Vers 1542, elle incite Antoine Le Maçon à effectuer une nouvelle traduction du *Décaméron* et commence peut-être à ce moment-là la rédaction des premières nouvelles d'un recueil français qui l'imiterait. Son *Théâtre profane* (1548), ses Moralités qu'elle fait représenter, restent dans l'esprit illuministe des *Poésies* et son œuvre théâtrale et poétique est réunie l'année de sa mort dans *les Marguerites de la Marguerite des Princesses* sans que l'ouvrage qui fera sa gloire, l'*Heptaméron,* soit connu du public. Une édition incomplète et sans ordre est d'abord donnée par Pierre Boaistuau (1558), mais c'est Claude Gruget qui édite les soixante-douze nouvelles avec le titre actuel (1559), non sans avoir éliminé les noms propres connus et les passages risqués, heureusement conservés dans les manuscrits.

Péchés d'amour narrés et commentés

Dès le Prologue, l'auteur fait profession de vérité, par opposition aux sources livresques et inventées. Peu de nouvelles viennent en effet d'autres livres (quelques fabliaux et la soixante-dizième nouvelle), les événements évoqués ont souvent une réalité historique (douzième nouvelle, histoire de « Lorenzaccio »), et Marguerite s'est livrée à un véritable cryptage des noms. Mais le livre n'en est pas moins avare de réalisme et les descriptions sont stéréotypées. L'inondation qui fournit le prétexte à l'isolement de la communauté devisante et répond à la peste de Boccace, rappelle le voyage de la reine à Cauterets (1546) et plante le décor pyrénéen. Mais le réalisme est aussi absent des discours contenus dans les nouvelles, à la différence des propos des devisants. Les premiers comprennent peu de réparties : les conversations sont rapportées au style indirect, sauf pour les longs monologues sentimentaux ou explicatifs, ou pour quelques traits saillants. Les seconds sont plus vifs et tentent de reproduire une conversation réelle, dont la transcription a cependant aussi ses lois. Enfin, l'intention de vérité chez l'auteur et les devisants sert d'explication à la crudité de certaines nouvelles, qui alterne avec la rhétorique éthérée des récits pathétiques.

L'intérêt du texte se partage entre les récits eux-mêmes et les discussions des devisants, et leurs relations réciproques de commentaires/exempla. Les oppositions idéologiques des locuteurs, assez marquées, animent un débat qui tourne essentiellement autour de l'amour et de sa justification spirituelle et sociale. Le partage entre platonisme et courant gaulois est évident (Oisille et Parlamente contre Hircan) mais se nuance dans ces arguments nouveaux que sont le recours à une Nature innocente et les relations de pouvoir qui opposent hommes et femmes ; l'ensemble est compliqué par les ébauches d'intrigues entre les devisants, qui pourraient donner naissance à de nouvelles histoires avec leurs commentaires... Les débats sont fondamentalement non conclusifs et véritablement dialogiques, car ils s'arrêtent quand ils risquent de tourner en disputes ou en « prêches ».

Les relais narratifs sont assurés par les procédés classiques d'enchaînement : exemple, exception, ressemblance, antithèse (le plus fréquent), renchérissement, et « métonymie » (de la soixante et unième à la soixante-cinquième nouvelle), cas où le nouveau récit est amené par une association de thèmes pendant le débat. Le modèle boccacien fournit les paramètres indispensables, comme la passion amoureuse, et ce ressort dramatique essentiel qu'est la tromperie ou la dissimulation. La satire anti-monacale est en fait moins importante que la dialectique du péché et de la punition que la concupiscence des moines met en œuvre ; elle révèle le fonctionnement négatif de la nouvelle tendance de la nouvelle, qui s'oppose à la « facétie » et au récit d'intrigue : le péché, comme l'amour-passion criminel, donne au récit une tension et un enjeu que le discours moral des devisants met en valeur. Le « cuider méchant » dénoncé dans les *Poésies* de la reine est la Grâce efficace des nouvelles.

CLÉMENT MAROT
(1496-1544)

Initiateur sans le savoir d'une prétendue « école marotique », Marot peut avoir la plume fine des chansons ou des épigrammes, et la ferveur des *Psaumes*.

L'évangélisme badin

Le « non-pareil des mieux disants en vers », selon l'expression de son ami Lion Jamet, connaît la Cour à dix ans. Il y suit son père (1505), secrétaire d'Anne de Bretagne et grand rhétoriqueur, grâce auquel il s'initie à la technique poétique, avant d'engager de probables études de droit à Orléans. Il en garde une image de poète basochien ayant quelques rudiments de latin. Revenu à Paris comme clerc de la Chancellerie, il effectue des traductions-paraphrases de Virgile et Lucien (1512-1514). Il a déjà composé des épîtres quand paraît le *Temple de Cupido* (1515) encore marqué par le système allégorique du *Roman de la Rose,* mais jouant sur le renvoi du sacré au profane. Il cherche un emploi à la cour, écrit pour ce faire une « Petite Épître au roi » où il révèle son art de quémander en amusant, et devient domestique de Marguerite d'Angoulême, future Reine de Navarre. Il excelle alors dans les petits genres et les pièces de circonstance (rondeaux, chants royaux) tout en étant sensible à l'esprit évangéliste qui imprègne l'entourage de Marguerite : pour cette raison, il

« mange lard en Carême » d'après la dénonciation d'une femme (1526).

Arrêté et mis au Châtelet, puis en prison à Chartres, il utilise la fable dans l'« Épître du lion et du rat » adressée à Lion Jamet, mais c'est le roi qui le fait délivrer après deux mois. Entre-temps il a rédigé *l'Enfer,* féroce satire de la justice, qu'il ne publie pas. L'année suivante, il devient valet de chambre du roi et connaît à nouveau la prison (à cause d'une « rescousse » accordée à un prisonnier), occasion de demander sa grâce, comme dans le cas de ses autres déboires (on oublie ses gages, on les lui vole quand il les obtient...). C'est aussi le moment où sa manière s'oriente vers la nouvelle poésie, sensible dans la *Déploration sur la mort de Florimond Robertet,* où le lyrisme personnel apparaît, en même temps que se développe la poésie oratoire. Commence aussi un amour platonisant et pétrarquisant pour Anne d'Alençon, qui lui inspire élégies, épigrammes et rondeaux dans un style italien jouant sur le feu et la glace. Ces divers talents, qui passent par l'esprit caustique de « Semblançay » et la veine priapique, lui apportent la gloire, couronnée par le succès de *l'Adolescence Clémentine* (1532), recueil de ses œuvres (sans *l'Enfer*), et à peine assombri par une nouvelle accusation d'hérésie. Protégé par Marguerite, il peut publier une *Suite de l'adolescence* (1534), résister à son rival Sagon et dédier sa traduction des *Métamorphoses* d'Ovide à François Ier ; dans cette œuvre, l'imitation formelle de la poésie antique commence à s'orienter vers l'imitation de l'invention. Mais à la suite des Placards, Marot est sur la liste des suspects et doit fuir à Nérac, puis à Ferrare auprès de Renée de France, qui encourage les évangélistes. Marot y rencontre Calvin, mais, à nouveau soupçonné d'hérésie, il se réfugie à Venise d'où il lance la mode des « blasons ». Revenu à Lyon en 1536, il abjure en faveur du catholicisme et participe, avec Rabelais et Salmon Macrin, au banquet célébrant la libération de Dolet. Celui-ci publie en 1538 les *Œuvres* de Marot et lui conseille de pratiquer l'épigramme d'après Martial. En effet, la supériorité satirique de Clément s'affirme dans une deuxième querelle avec Sagon, mais il travaille surtout à une traduction de *Trente Psaumes* sans passer par la « Vulgate » : agréée par Charles Quint, elle est publiée en 1541, et avec elle commence un nouveau lyrisme religieux, simple et grave, fait de combinaisons rythmiques originales qui la feront adopter par les Réformés. Mais la même année Dolet publie *l'Enfer* à l'insu de l'auteur, et Marot doit fuir à Genève. *Cinquante Psaumes* y sont publiés puis, comme l'ascétisme de la nouvelle religion ne lui convient pas non plus, il se réfugie en Savoie et à Turin où il meurt.

Une rhétorique de la parole

On a trop dit que Marot illustrait le passage, la « conversion », à la nouvelle poésie, aux dépens de la rhétorique. En fait, le poète a absorbé sans heurt les différentes influences qui se faisaient sentir à l'époque de façon à pratiquer l'art difficile de l'ingéniosité naturelle. Il garde de la grande rhétorique le souci de la forme, le goût pour les jeux de langage mais il simplifie et efface toute trace de labeur, car l'esprit de la cour est à la facilité apparente. En même temps, il attache plus d'importance à l'aspect oral du langage, à la conversation et aux effets phoniques, alors que les rhétoriqueurs pratiquaient une poésie surtout visuelle. L'art poétique est d'abord plaisir d'effets immédiats sur le destinataire, ce qui n'enlève en rien ce caractère « divin » que Sébillet accordera à Marot en 1548. L'esprit humaniste est présent dans l'imprégnation des œuvres antiques, mais l'imitation est encore sans « doctrine ». « L'églogue au roi sur le nom de Pan et Robin » utilise ce qu'il faut de légende pour suggérer le mythe tout en gardant un sens personnel et actualisé, et un charme sans pédanterie.

Satire en clair et en énigme

Marot pratique aussi deux formes de satire qui auront chacune des fortunes séparées. La première est directe, et fondée sur une ironie limpide comme dans *l'Enfer,* où la ménagerie infernale des Rhadamante, Minos, Cerberus, renvoie au système judiciaire français (« Tort bien mené rend bon droit inutile ») envenimé de procès, falsifiant les déclarations et torturant les innocents. La deuxième, qui apparaît déjà dans certaines épigrammes, se sert du caractère énigmatique comme élément satirique et se trouve à l'état pur dans les coq-à-l'âne. Le premier d'entre eux (1531) met en place les lois du genre avec la forme épistolaire et le changement fréquent de sujet. Le plus canonique est le deuxième, mais c'est aussi le plus obscur, bien que l'on reconnaisse les cibles traditionnelles, Sorbonne, sergents, prêtres, moines et femmes légères. Le mélange provoque la superposition sémantique dans une grande paillardise d'opinions qui rappelle les « bigarrures » rabelaisiennes. L'obscurité est plus polysémie et abondance de sens qu'absence de signification, grâce au jeu entre l'individuel et le général (les mésaventures de Marot y prennent une valeur exemplaire), aux nombreux vers proverbiaux et au travail de la rime. Celle-ci met l'accent sur des mots-clés mis verticalement en rapport de sens, et elle est fréquemment équivoquée. Les fausses chevilles logiques renforcent encore une difficulté de lecture qui est cependant à l'opposé du texte prudent, dans la mesure où l'auteur dénonce justement la pratique des « fards », féminins ou hypocrites. Le brouillage des référents ne fait que mettre en valeur la franchise d'un poète qui avait chèrement payé pour elle.

MAURICE SCÈVE
(1500 ?-1560 ?)

Longtemps jugé « à peu près illisible » (Sainte-Beuve), Maurice Scève a été l'auteur injustement réduit à une seule œuvre, la *Délie,* de nos jours considérée comme l'un des diamants poétiques du XVIe siècle. Non plus obscur, mais dense, dignifié par l'épithète de « mallarméen », le prétendu chef de l'« école » lyonnaise ne signa jamais ses livres, sinon de devises plurivalentes comme « souffrir non souffrir ».

Du *Petit Œuvre...* au *Microcosme*

Sa vie est une alternance d'ombres et de clartés, partagée entre des périodes de retraite et une présence mondaine reconnue. On sait qu'il est de naissance noble, et qu'il a pu contempler dans son enfance, à Ecully près de Lyon, une maison peinte d'emblèmes plus ou moins transposés dans la *Délie*. Il a fréquenté le cercle littéraire de son cousin Guillaume Scève, et surtout celui de Dolet qui n'a pas encore abandonné son désir d'école néolatine française. En tant que lyonnais, Scève est pénétré de la culture italienne et de sa thématique amoureuse, lue dans Léon L'Hébreu et Speroni. Son pétrarquisme serait conforté par sa « découverte » du tombeau présumé de Laure en Avignon. Pourtant, sa première œuvre est narrative : il livre en 1535 une traduction de *la Déplourable fin de Flamette* de Juan de Flores (1497), développement romanesque d'une élégie de Boccace. Scève accentue l'aspect sentimental et psychologique, comme il témoigne de la disparition de l'idéal courtois au profit d'une « gloire » plus individualiste ; l'aventure à l'espagnole se teinte d'un donjuanisme cynique : « Nulle ne peut être longtemps belle, que par longtemps continuée, ne soit fâcheuse » (chap. 16). Cet exercice est complété dans les années 1536-1539, par des « blasons » inspirés du genre marotique mais qui ne doivent, dans leur esprit, rien à Marot : « la Larme », « le Front », « la Gorge », « le Soupir » et surtout « le Sourcil », le plus remarqué, s'attardent peu sur l'anatomie et explorent plus volontiers les beautés idéelles du « microcosme » féminin. Une autre occasion d'utiliser les ressources des rhétoriqueurs lui est offerte avec le Tombeau collectif du Dauphin (1536), pour lequel Scève compose de beaux poèmes latins et surtout une églogue, *Arion,* déjà dans le goût classique malgré la forme héritée de Lemaire. Vers cette époque, il rencontre l'inspiratrice principale de la *Délie,* Pernette du Guillet, probablement son élève en matière de poésie. Le *Petit Œuvre d'amour* paru en 1538 montre l'existence de plusieurs femmes aimées et surtout révèle la manière dont Scève travaille les classiques : ces poèmes qui sont des adaptations, des imitations et des traductions vont dans le sens d'une simplification allusive. Maurice Scève participe ensuite à l'organisation de plusieurs fêtes avant de s'isoler à l'Île-Barbe : Pernette s'est mariée et le poète termine la *Délie* (1544) qui, bien qu'elle soit très attendue dans le milieu lyonnais, ne provoque guère de remous. Cet accueil mitigé, où s'expriment déjà des reproches d'obscurité, prolonge la retraite de Scève, et correspond à une période d'anti-mondanité. Il écrit alors la *Saulsaye* (1547), églogue justifiant le droit à la solitude, tout en s'inspirant de Sannazar et de Marguerite de Navarre : il y raconte aussi bien que Ronsard « les rocs moussus, les cavernes humides », plante un décor simple et déploie un style aimable. Revenu au monde avec son rôle actif dans l'entrée de Henri II à Lyon en 1548, il poursuit les rêves emblématiques de la *Délie* dans les tableaux vivants qui jalonnent le parcours royal. On y retrouve la même ambivalence de jeu et de sérieux qui clôt le temps de l'esprit festif. Scève continue à fréquenter les cercles littéraires, apparaît sans doute chez Louise Labé, dont il fait l'éloge, mais son véritable disciple est plutôt Claude de Taillemont, et sa véritable « académie », le château de Pontus de Tyard : c'est dans cette atmosphère savante et encyclopédiste que mûrit le projet du *Microcosme.* Chez Dolet déjà, Scève avait pu approfondir l'idée de l'Homme en marche vers le Progrès ; enfin, quand la nécessité de tout dire s'impose, le poète compose cette œuvre ultime (entre 1557 et 1560). Le texte fait le récit des premiers temps jusqu'au meurtre d'Abel par Caïn, décrit le rêve d'Adam, projeté sur les siècles des futures inventions, et montre les réalisations humaines de connaissance en connaissance. L'ensemble est plus personnel que les productions postérieures de la poésie scientifique (Baïf, Du Bartas), bien qu'il n'évite pas le didactisme. L'Histoire est retrouvée par Scève, mais seulement jusqu'à la Rédemption, laissant la Renaissance dans un silence analogique : Adam, personnage central, est l'homme éternel plus que le premier pécheur. Reprenant une tradition patristique mais aussi kabbaliste, l'auteur fait du premier homme l'inventeur par excellence et le Philosophe. En lui, le manque initial, en lui, les rêves de reconstruction et les plénitudes du savoir. La poétique s'accommode d'une imagination maîtrisée, sans trop de développements explicatifs et sans théologie. Parfois, une formule rappelle *Délie* : « Masse de déité en soi-même amassée... » (v. 11) et infirme les jugements sévères adressés à une œuvre que l'on dit besogneuse.

Les architectures de *Délie*

Délie (1544), poème de l'absence (Verdun-Louis Saulnier) ou du désir de mort (Françoise Charpentier), connaît actuellement une exégèse renouvelée par l'attention portée aux emblèmes. La construction de l'ensemble, 449 poèmes ou 450 selon que l'on tient compte ou non du huitain initial, a paru répondre à un dessein caché, organisé de façon arithmosophique. Les emblèmes, répartis tous les neuf dizains, donneraient la charpente. Mais à la lecture, il apparaît que l'unité essentielle est d'abord le dizain décasyllabique dont le caractère carré accentue les variations de rythme. La beauté des vers joue de l'écart entre les effets de répétition et la diversité de l'expression. Le même type de décalage se retrouve dans la relation complexe entre l'emblème et le dizain qui le suit. Loin de les avoir dessinés et projetés, Scève a probablement trouvé ses emblèmes dans les recueils de l'époque, et les a insérés selon un plan semi-aléatoire : ils ne commandent pas l'ensemble de la neuvaine qui suit mais l'inspirent, et la devise est reprise dans le dernier ou l'avant-dernier vers du dizain suivant. Dans les emblèmes, le rapport entre l'image et sa devise-interprétation est souvent distendu et fondé sur une finesse confinant à l'énigme (le « Pot au feu » est glosé par « Dedans je me consume », D. 321) ; la devise est elle-même modifiée par l'utilisation qui en est faite dans le dizain, comme toute formule à valeur générale peut l'être. De ces deux jeux décalés le dizain sort triomphant et stimulé par l'emblème. On a remarqué que son sens, souvent négatif, pouvait coïncider avec l'itinéraire du poète : récit d'un amour avec série de refus et de tourments, augmenté d'allusions à l'actualité qui jalonnent la chronologie. Mais figures et devises ne sont que des analogies parmi d'autres, et restent dans le même état de tension par rapport au dizain que les références historiques : par exemple, la trahison du Connétable de Bourbon évoquée au D. 19 s'oppose à la « vassalité » de l'amant. Images pétrarquistes et thèmes néoplatoniciens sont aspirés par le dizain, qui arrange aussi les développements mythologiques possibles autour du nom de Délie/Délos/Hécate/Diane/Artémis, et leurs troupes d'amants malheureux.

Scève laisse de côté un idéalisme excessif, car il sait dire des « mains travaillantes » à assouvir son désir ; l'« honnête » amour implique la jouissance charnelle (D. 150).

L'érudition contribue à la difficulté de la lecture, surtout parce qu'elle est beaucoup plus concentrée que chez Ronsard, et subordonnée parfois à des effets phoniques :
« Croissant le feu de mon désir ardent
Est Calamite (= aimant) à mes calamités » (D.190). La ponctuation, la syntaxe brisée et une abstraction à mi-chemin entre l'allégorie et le nom commun donnent au dizain une facture oraculaire proche du style de Nostradamus. Mais l'aspect le plus étrange et le plus séduisant de cette poésie, qui laisse loin derrière les vertiges d'une construction mathématique, est l'art de la métaphore : celle-ci est souvent construite sur le syntagme entier, à la limite de l'incompatibilité des référents : le « vaciller du doute », « mes pensers se paonnoient », et « mon an se frise en son avril superbe » (D. 148) n'ont rien de banal. Chaque vers du dizain peut être une « pointe » et l'antithèse — très fréquente — ne se développe pas sur le poème entier, contrairement aux constructions pétrarquisantes. Le raccourci et la concentration ouvrent des possibilités de sens et de jouissance esthétique dans lesquelles le goût moderne se retrouve.

JOACHIM DU BELLAY
(1522-1560)

Plus modeste que Ronsard et aussi plus mélancolique, du Bellay n'a guère obtenu que le rang de grand second dans la poésie du XVIe siècle, bien que son œuvre soit parmi les plus réfléchies.

Du premier manifeste au retour d'Italie

Très tôt orphelin et pauvre, du Bellay ne poursuivra que des études négligées bien qu'il soit d'une famille noble. Il passe sa jeunesse près de Liré en Anjou avant de faire des études de droit à Poitiers, où il connaît Muret, Macrin et Peletier. Il composerait alors ses premières poésies latines et françaises, et rencontre par hasard Ronsard, qui le convainc d'aller à Paris au collège de Coqueret. Joachim perfectionne ses études latines mais s'intéresse plus aux italiens qu'aux grecs, et reste distant à l'égard du maître Dorat. Membre de la « Brigade », il s'oppose déjà à l'invasion mythologique, « fable moisie », et à la manie du latin. Il publie vite ses premières œuvres : en 1549, *Cinquante sonnets à la louange d'Olive,* un *Recueil de poésie,* des *Vers lyriques* et *la Défense et Illustration de la langue française.* Le recueil est dédié à Marguerite de France qui encourage les débuts du groupe, plus que ne le fait le roi Henri II son frère. La *Défense* exprime un nationalisme exacerbé et non une doctrine ferme ou un art poétique : il y manque la partie rhétorique. Les divergences s'expriment à l'égard de Ronsard (question de la mythologie), de Baïf (trop « docte, doctieur et doctime »), et de Peletier, auquel il préfère Meigret dans la querelle sur l'orthographe. À cela s'ajoutent les attaques suscitées par *la Défense,* dont celles de Sébillet et de Barthélemy Aneau. Il y répond par une seconde édition, très augmentée, de l'*Olive,* et par *la Musagnaeomachie* (« Combat des Muses contre l'ignorance ») où la doctrine de la « fureur » est modifiée par l'idée d'une chaleur dispensée par l'intermédiaire des humeurs (1550). Puis survient l'épreuve d'une grave maladie qui le rend sourd. Il traduit alors le IVe Livre de l'*Énéide* en décasyllabes épiques, écrit des *Inventions* où s'expriment les influences subies par Saturne, et la « Complainte du désespéré » remplie d'un sentiment d'abandon. En 1552, sa muse redevient religieuse avec l'*Hercule Chrétien* et les *Treize sonnets de l'honnête amour,* qui témoignent d'une pureté et d'une élévation spirituelle sincères. La critique des amants qui prétendent être maltraités par l'amour s'étend à la mise en question des procédés pétrarquistes dans la seconde édition du *Recueil* (1553). À ce moment, il peut réaliser le rêve humaniste du voyage à Rome, puisque son cousin, le cardinal Jean du Bellay, ambassadeur, lui offre de l'accompagner en tant que secrétaire et intendant (1554-1557). La déception sera grande, et manifestée dès son retour par la publication des *Regrets,* des *Antiquités de Rome* et du *Songe* (1558). Mais les années romaines sont aussi celles où il compose les *Divers Jeux rustiques,* symptômes d'un retour quelque peu factice aux vertus de la simplicité et de l'ignorance. En outre, c'est à Rome qu'il a rencontré la passion pour Faustine, et une volupté qui se traduit en latin dans les *Poemata* (1558). De retour à Paris, il est favorablement accueilli, mais aussi accablé par un complexe procès d'héritage, qui l'oppose au tout-puissant connétable de Montmorency. Il donne encore un « Poète courtisan » où il réaffirme que les Muses ne sont pas frivoles, et diverses pièces de circonstance. Il mourra sans avoir pu réaliser d'édition collective. Les *Xenia, seu Illustriorum quorumdam nominum allusiones* (1569), pièces commémoratives destinées à des personnages importants, pratiquent de façon intéressante l'*allusio*, ou exploitation des liens entre l'étymologie des noms propres et les qualités des personnes qui les portent : de tels jeux significatifs étaient déjà disséminés dans *les Regrets.*

Exercices d'amour platonisant

L'*Olive* n'a probablement pas d'objet amoureux réel. La préface tente de répondre à Sébillet sur le problème de la traduction et de l'emprunt, car il est vrai que le poète les pratique ici beaucoup. Le recueil, soigneusement composé, est une prise de position par rapport à une certaine conception de la poésie ; le thème néoplatonicien fournit le cadre et les étapes de la création : d'abord descente vers les formes sensibles, puis remontée vers les Idées, ici teintées d'ascétisme chrétien. L'image du « vol de l'âme » est plutôt l'envol vers la gloire, et l'ascension morale chez Pétrarque se transforme en élévation poétique. L'imitation du Toscan consiste d'abord en formes rhétoriques comme les antithèses et oxymores (« La belle main, dont la forte faiblesse... » S. 13), aussi imitées de l'Arioste et de l'école de Bembo. Mais surtout, du Bellay innove dans le travail des rythmes de la phrase, toujours variés et différents des modèles italiens. Recherches nouvelles aussi dans l'utilisation des lieux communs amoureux, dont le mélange provoque une hétérogénéité heureuse, annonçant la poétique des œuvres suivantes : du Bellay ne cherche pas à harmoniser ses métaphores ni à installer les figures dans une imagerie figée, et la perfection formelle, que l'on peut trouver ennuyeuse dans *l'Olive,* provoque une tension salutaire avec les métaphores reconstruites. L'intention manifestement rhétorique, et non l'expression d'un sentiment, montre que dans *l'Olive,* du Bellay a déjà déplacé l'accent sur la forme et l'effet de celle-ci.

Les métamorphoses de la Ville

Les Antiquités de Rome ont probablement été composées avant *les Regrets,* dès le début du séjour dans la ville papale. On peut rapprocher cet ensemble de trente-deux sonnets du genre du « tombeau » très florissant depuis la mort du dauphin François (1536), et transféré ici à une ville-symbole. Le « tombeau » a pour rôle d'exprimer le triomphe du « Nom » et de la poésie sur le temps, et d'élaborer une immortalité humaine. Cet aspect de la permanence contredit en principe l'image de Rome vécue comme microcosme historique : « Rome de Rome est le seul monument » (S. 3), et la ville, soumise comme toute chose au temps cyclique, a connu la destruction. Cet abaissement permet de faire un portrait moral de la ville coupable d'arrogance au même titre que les géants révoltés, et devant de ce fait être punie. De façon explicite dans le sonnet « Au roi », il est dit que la grandeur passée peut renaître, non dans la Rome du pape envahie de turpitudes, mais dans l'espoir « De rebâtir en France une telle grandeur ». Cependant l'ensemble du recueil se livre à une poétique de la destruction par sa thématique et les domaines de comparaison, qui accentuent le processus de dégradation, depuis « Comme le champ semé en verdure foisonne... » jusqu'à « De ce qui va tombant après le moissonneur » (S. 30). Pour écrire ces traces, qui n'ont rien de commun avec les « choses vues », du Bellay se livre à une véritable incantation qui rappelle le processus de la « fureur » : « Divins Esprits, dont la poudreuse cendre.. » (S. 1), qui laisse sceptique sur la nature de la magie opérée. L'auteur, plus que dans *les Regrets,* imite les poètes néolatins qu'il a récemment fréquentés, Castiglione, Sannazar, Buonamici, Buchanan, jusque dans leur manière d'imiter Virgile, Horace et Ovide. Cette poétique des ruines s'occupe peu de réalisme topographique et les seules constructions qu'on y trouve sont rhétoriques. La composition de l'ensemble est réalisée par une subtile correspondance des « tableaux » qui s'enchaînent soit par une figure semblable (S. 9-10), soit au contraire par antithèse (S. 12-13), soit encore par correction (S. 13-14). L'antithèse renvoie à la double signification de Rome, mais aussi à la tension du poète appliqué à dire le néant et à ressusciter ce qui n'est plus. L'opposition existe dans une pratique duelle des styles : contrairement aux *Regrets, les Antiquités* veulent appartenir au style élevé par leur sujet et les références historiques, mais puisent souvent dans un registre plus simple la matière des comparaisons : « Comme on passe en été le torrent sans danger/ Qui souloit en hiver être roi de la plaine... » (S. 14). En pratiquant l'amplification de cette manière, et en condensant par ailleurs les allusions mythiques, le poète obtient un mouvement ample sans verser dans le genre oratoire, et surtout, il façonne des « chutes » de sonnets qui ne sont pas sans répéter l'écroulement de l'Empire.

Les quinze sonnets du *Songe,* auxquels du Bellay attribue le même sujet qu'aux *Antiquités,* sont des tableaux énigmatiques de la ruine de Rome, inspirés des « visions » de Pétrarque. L'obscurité de ces textes vient avant tout de la référence absente, Rome jamais nommée, et de l'utilisation des symboles : l'Arc, le Torrent, l'Oiseau, la Louve, etc. Le registre allégorique des éléments abstraits-concrets du destin romain rappelle le *Songe de Polyphile :* la Ville devient diaphane et minérale, et cette fixité que l'on pourrait attribuer au code emblématique est en fait compensée par le recours au champ cosmologique et à la métamorphose des signes ; au sonnet 7, l'aigle d'abord faible perce les nues, tombe comme Icare et renaît de ses cendres comme le Phénix, réalisant encore une fois le tracé du poète créateur, incompris et immortel. Les images évoquées se réfléchissent d'un sonnet à l'autre et renvoient aussi aux *Antiquités* dont la métaphysique de la destruction/ renaissance les éclaire. L'unité est réalisée par le « Démon » qui offre ces visions, et par l'anaphore du « je vis ».

L'indétermination du propos, mise sur le compte du procédé du « songe », a permis une lecture politique du recueil : Gilbert Gadoffre y a vu l'expression voilée d'un gallicanisme effectif, renforcée par des images apocalyptiques dont on connaît l'usage dans la polémique protestante.

Une poésie de l'échec

Le titre des *Regrets* annonçait le thème de l'exil des *Tristes,* mais Ovide regrettait précisément Rome ; ou encore rappelait *les Soupirs amoureux* d'Olivier de Magny, mais du Bellay ne sacrifie pas au genre sentimental. Au contraire, l'œuvre se présente comme des « commentaires » et des « journaux » liés à l'actualité par la satire et la description d'une désillusion. Œuvre négative, *les Regrets* illustrent cette « poésie du refus » (François Rigolot) qui suit d'abord le principe de l'hétérogénéité. Le sens du recueil est donné dès les premiers sonnets et rejoint la question du sens de la poésie, qu'il soit métaphysique, individuel ou social (1-5) ; suivent les sonnets élégiaques (6-49) et le regret de la vertu (50-76) ; la satire occupe les sonnets 77 à 137 et vise les vieilles courtisanes (« O belles dents d'ébène... »), les diplomates, les femmes, les papes, les cardinaux, les fêtes, et les Suisses dont l'auteur n'apprécie pas l'expérience genevoise (136). La dernière partie (137-191), assez disparate, se situe en France et critique l'art de réussir à la cour, tout en proposant des sonnets courtisans et des louanges aux Princes. L'entreprise des *Regrets* vise à exorciser les échecs subis par l'auteur ; Rome signifiait en effet pour les poètes un rêve de gloire littéraire et aussi sociale, qui s'évanouit dans la pénurie de l'artiste obligé de travailler pour vivre et de supporter l'état actuel de Rome : une ville soumise à l'austérité du pape Paul IV, à l'humiliation de la défaite et aux multiples intrigues. Le voyage introduit cependant une distance qui lui permet de distribuer des jugements sur ses contemporains et de faire le bilan de la Pléiade. Il adresse quelques coups d'épingle à son ancien ami devenu ingrat, Ronsard, dissimulés sous l'éloge ironique. Les reproches révèlent son amertume à l'égard de celui qui aurait la « lyre crossée » et la réussite de Ronsard stimule son intention de « mêler les épines aux fleurs ». Ce faisant, il imite Horace et surtout le style burlesque de Berni, car il entend bien rester dans la compétition nationale : le sonnet 9, qui commence par la célèbre invocation « France, mère des arts, des armes et des lois... », réclame justice au vers 14 : « Si ne suis-je pourtant le pire du troupeau ».

La satire est une forme de libération des contraintes, qui s'inscrit paradoxalement dans le cadre rigide du sonnet. L'auteur ne se croit pas obligé de « fouiller au sein de la Nature » (S. 1), ni de pratiquer une poésie grandiose et mythologique. Il renonce au style élevé pour adopter le style « pédestre » d'Horace, tout aussi codé que l'autre bien qu'il prétende à la « naïveté ». Ce « naturel » dont du Bellay voit le modèle dans le portraitiste Janet (Clouet) n'exclut pas l'obsession de la perfection si caractéristique des *Regrets :* il polit la rime, même s'il se refuse à pratiquer l'alternance des masculines et des féminines adoptée par Ronsard. Peintre et orfèvre, il confirme sa seule allégeance, celle qu'il doit à la Muse, elle-même contrainte par les exigences de la vie et de la cour. La hantise du « ménage », cette activité pour lui désordonnée et indigne, rejoint l'inconstance, mobile du voyageur sans but. S'il se compare à l'illustre héros d'Homère (« Heureux qui comme Ulysse... », S. 31), c'est pour mieux insister sur la nécessité du retour et de l'expérience. Mais quand il s'enferme dans la logique statique et laudative des poèmes courtisans, du Bellay inscrit l'immortalité dans la catégorie du profit immédiat, et s'éloigne des gains que lui apportaient sa poésie négative.

PIERRE DE RONSARD (1524-1585)

Amoureux de la poésie et consacré « prince des poètes » à son moment de gloire, Ronsard n'a cessé de créer l'étonnement par de nouvelles formes et de nombreuses impressions. Celui qui exécrait les « poétâtres » n'a certes pas réussi à faire admettre le rôle essentiel du poète dans la Cité, mais il a fait admirer son œuvre aussi diverse que ses premières maîtresses, Nature et Fortune.

Entre Cour et Pléiade

La vie de Ronsard est un continuel effort : même lorsqu'il retourne en Vendômois pour se reposer des fatigues et intrigues de la Cour, il compose et écrit. Il a peu étudié : un semestre au collège de Navarre, et surtout deux ans au collège de Coqueret sous la férule de Dorat, avec du Bellay et Baïf. Il a renoncé aux deux carrières possibles que son père, ancien officier des guerres d'Italie, avait rêvées pour lui : les armes lui étaient interdites par sa surdité, et les lois ont vite été remplacées par le grec. Le « Folâtrissime voyage d'Arcueil » (1549) marque la fin de ses études et décrit l'atmosphère savante et gaie de la « Brigade » à la veille de devenir Pléiade (*cf.* p. 68). La saine émulation du groupe entretient son désir d'être le premier, pour les *Odes,* pour la résurrection des Anciens et pour la littérature en français. Peu apprécié à la cour pendant le règne de Mellin de Saint-Gelais, mais encouragé par une élite, il marque un autre point important avec la publication des *Amours* (1552) où le pétrarquisme, qui répond à une demande sociale évidente, est aménagé par un art du rythme déjà mûr. Malgré la qualité des *Hymnes* et de la *Continuation des amours* les bénéfices n'arrivent pas, et Ronsard ne devient aumônier ordinaire du roi qu'en 1559. Il est inspiré par la minorité du jeune Charles IX pour lequel il écrit une *Institution* où il conseille de pratiquer les vertus intellectuelles et morales ; c'est le moment où les guerres de religion se préparent et Ronsard, résolument catholique, doit même se défendre contre les arquebuses des huguenots (1562). Il utilise aussi sa plume pour combattre les adversaires de la tradition mais, après les *Discours* et la « Réponse aux injures », il ne mêlera plus guère son talent aux affaires politiques. Il participe surtout aux fêtes, écrit les *Élégies, Mascarades et Bergeries,* et tente de composer *la Franciade,* l'épopée française dont il rêve depuis l'enfance. Ayant enfin obtenu une situation confortable (prieurés de Saint-Cosme, de Croixval), il continue à faire alterner séjours à la campagne et vie de cour. Sa production poétique diversifiée est remise en ordre à chaque édition collective (1567, 1571, 1573, 1578, 1584). À partir de 1570, sa renommée est quelque peu ternie par le succès de Desportes. Il s'occupe toujours de la mise en musique de ses œuvres, commencée dès les *Amours* de 1552, mais l'Académie de Baïf ne l'intéresse que modérément. Hélène de Surgères est l'inspiratrice de son dernier chef-d'œuvre : les *Sonnets pour Hélène* (1578) et la publication posthume des *Derniers Vers* confirment le double aspect de la vie littéraire de Ronsard, triomphale et mélancolique.

Ronsard et l'Histoire

Dans les *Hymnes,* les *Odes* et *la Franciade,* Ronsard montre qu'il entretient un rapport archaïque avec l'Histoire : la façon dont il transforme Henri II en héros, alors qu'il ne le trouvait guère admirable, laisse entendre qu'il ne voit pas l'individu, mais le mythe et la fonction divine. L'« Hymne de la Justice » est la nostalgie d'une permanence, d'un ordre révolu que l'on retrouve dans d'autres textes relatifs aux regrets d'un âge d'or (« Îles Fortunées », « Bergerie de Fontainebleau »), et qui explique l'éloge inattendu de Charles de Lorraine (« Hymne » de 1558) : la maison des Guise est passée de l'Histoire à la légende. S'il a poussé la complaisance un peu loin en admirant la « pacification » atroce de la Guyenne (« Prophétie... », 1548), il se place sur un autre plan lors des *Discours sur les misères de ce temps.* Le premier et second discours (1562), tentent de mettre les protestants devant leurs contradictions et insistent sur le désordre provoqué par leurs nouvelles interprétations de l'Écriture. Mais les pamphlets-réponses l'attaquent personnellement et le blessent, si bien que sa « Réponse aux Injures » développe un esprit plus satirique et une belle justification de sa vie innocente : « M'éveillant au matin, devant que faire rien... ». Convaincu de la nécessité d'abattre la pluralité engendrée par le « monstre opinion », il ne favorise pas la liberté des cultes comme un Michel de l'Hôpital, tout en admettant que « La plus grande part des prêtres ne vaut rien » (« Remontrance »...). Le respect de la loi se confond avec l'idée d'une innocence naturelle dont il rêve pour le peuple. En effet, dès le « Chant de liesse » écrit après la paix du Cateau-Cambrésis, il tient compte du « vulgaire » tant méprisé dans les *Odes* de 1550. Il connaît désormais la mission du poète qui, maître de l'éloquence grâce à Mercure, peut régner sur les passions et servir d'intermédiaire entre les hommes et Dieu. Fidèle à la notion de variété, Ronsard entend représenter non la noblesse mais tous les états de la société. Cependant, le peuple a besoin de signes et de fermeté ; le libre-examen des huguenots et leur rejet des manifestations extérieures de la foi ne peuvent convenir à un poète dont le catholicisme, contaminé par les religions pré-chrétiennes, reste assez formel.

L'« Hymne de l'or » symbolise les relations contradictoires que Ronsard entretient avec la cour. Il doit échanger la monnaie de ses vers en répandant éloges et pièces de circonstances. Fasciné par l'ordre que représente la circulation de l'or, il ne peut que rejeter l'aspect factice d'un marché où il a souvent perdu. Le poète doit être reconnu, et il arrive même à prouver sa fécondité et son talent dans des poèmes de commande, mais les Grands le méprisent. Henri II ne s'intéresse guère à la poésie, et Ronsard a longtemps soutenu les familles ennemies des Guise, les Bourbon, les Montmorency, les Coligny. Peu habile dans les manœuvres courtisanes, il prend conscience du brillant d'un monde qui fonctionne comme la poésie : l'« Hymne de Mercure » rappelle que ce dieu est le maître du mouvement et de l'illusion. Le poète courtisan crée aussi la comédie de la gloire et de la guerre, jamais si bien mises en scène que dans les fêtes de Fontainebleau (1564).

Créer de la richesse

Ronsard pratique une écriture extensive et prolixe. Que ce soit le « démon » des *Odes* qui l'inspire, ou plus tard une Nature qui n'exclut pas le travail d'invention et de polissage, l'auteur ne peut finir de soumettre à son talent un réel inépuisable. Cette conception de la variété et de la richesse du verbe, que l'on retrouve depuis les audaces des *Amours* de 1552, précieuses, à la *Continuation,* beaucoup plus simple, est responsable de l'échec de *la Franciade,* où le point de vue monologique du récitant s'accommode mal d'un déplacement permanent, autorisé dans les recueils de poésie. L'érudition, mais surtout l'art de la description créent la richesse maniériste du détail : après avoir pillé et démembré ses modèles, Ronsard recompose dans une unité qui garde quelque chose du mélange initial, formant des lambris à l'image du Palais de Neptune :

> [...] Là pendait sous le portail
> Lambrissé de vert émail
> Sa charrette vagabonde [...]
>
> Ode à M. de l'Hôpital

Le poète montre comment il passe « de Grèce en Vendômois », comment il transforme le détail en paysage, et comment il rend plus familier le travail des « Quatre Fureurs qui tour à tour/ Chatouilleront vos fantaisies... » *(ibid.)*

« Ainsi tu penses vrais les vers dont je me joue » : cet avertissement de la « Remontrance » dévoile l'ambiguïté de la poésie dans son rapport au vrai. Les protestants qui ont pris à la lettre le paganisme poétique ont mal compris la vérité de la fiction. Il en est de même pour la critique qui a longtemps cherché des maîtresses réelles sous les déguisements des « Amours » : Cassandre, les Marie, Genèvre, Sinope, avant qu'Hélène offre plus de garanties. L'auteur brouille les pistes, change les noms, transforme la brune en blonde, ce qui n'exclut pas la réalité d'un certain « vécu ». Mais ce jardin des supplices que constituent les *Amours* de 1552 ne doit pas cacher le caractère obligé des tourments : la souffrance est celle de la jouissance impossible et du désir inassouvi. Le mythe de la jeune morte (« Sur la mort de Marie ») consacre l'impossibilité de la présence. Comme Scève, Ronsard a développé la créativité du « non » et des traits négatifs, le « doux-amer » des expressions comme : « O traits fichés dans le but de mon âme... » (s. 173). Malgré cela, la parole du poète reste stable, équilibrée par les éléments propres au sonnet ronsardien : l'ouverture pratiquée par les figures, et la clôture relative du poème serré dans ses rythmes et

sa syntaxe. L'art « mélancolique » des poètes modernes consiste selon lui dans le travail d'assouplissement, de déformation et de « torsion » qui s'applique autant à la vraisemblance des textes lus qu'à la réalité vécue ; il est en partie réalisé par l'imagination, dominée par la contrainte poétique qui l'empêche de dégénérer en figures fantastiques et « frénétiques ». La poésie comme hygiène mentale d'un créateur qui se sentait autant menacé par la folie de Saturne que par l'enthousiasme apollinien, se veut aussi mise en ordre du cosmos, comme le font les *Hymnes.* Mais le monde ne fournit pas de patron : au contraire, les éléments philosophiques (néoplatonisme, démonologie par exemple), sont intégrés par le poème qui superpose la faculté de connaissance et la possibilité de dire. C'est pourquoi les *Hymnes* n'appartiennent pas à la poésie didactique ; ils n'enseignent rien, et on relèverait bien des incohérences ; ils inaugurent une manière poétique d'ingérer le monde, et Ronsard avait conscience de cette nouveauté quand il proclamait à ses imitateurs : « Vous êtes mes ruisseaux, je suis votre fontaine... » (« Remontrance »).

Le « bocage » ou le Louvre

La seconde composante de l'art mélancolique est l'inconstance, qui provoquerait les revirements, rétractations, changements de perspective et auto-corrections, en somme, ce qui compose les caprices d'un génie « content et non-content ». L'effort de recomposition des recueils pour les différentes éditions, avec les retranchements et ajouts, les corrections stylistiques, orthographiques et grammaticales qui ne vont pas toujours dans le sens de nos préférences, témoignent de la conscience littéraire protéenne de Ronsard. Les noms mêmes de « Bocage » et de « Mélanges » sont significatifs. En effet, si l'édition de 1560 indiquait une volonté de construction architecturale, celle-ci ne vient qu'après coup, devant l'ouvrage fait. L'auteur en train de produire s'éparpille dans une heureuse diversité, revenant au bocage maniériste alors même qu'il pense à un Louvre ordonné comme celui de Pierre Lescot. L'effet produit par ces ratures est celui du trouble, car les contours du texte sont pour le lecteur brouillés par la présence d'une variante et d'un autre texte.

Le souci de la postérité préside à cette obsession de la refonte et de la perfection, ainsi qu'à la position de règles sans cesse modifiées. L'*Abrégé de l'art poétique* (1564) ne rend compte que bien partiellement de l'esthétique ronsardienne : plus qu'au modèle pictural ou architectural, Ronsard pense à la musique. La gloire consiste d'abord à être chanté et les nombreux accompagnements réalisés par les musiciens contemporains témoignent du succès : Goudimel, De Monte, Jannequin, Certon, Muret et d'autres, matérialisent les vœux du poète qui tente de transposer l'harmonie musicale à la versification. Ainsi l'alternance des rimes masculines et féminines, dont les musiciens se passaient fort bien, devient une loi « musicale ». Les règles d'euphonie sont aussi arbitrairement déduites d'équivalences entre les sons musicaux et la langue. Fort heureusement, Ronsard suit davantage son instinct rythmique de la phrase et du vers pour jouer des différentes possibilités du mètre : les décasyllabes des *Amours* de 1552-1553 ont un charme structuré, et les alexandrins de 1555 une fluidité linéaire. L'auteur transgresse aussi les normes des styles élevé et bas, réussissant à être savant et grivois dans les *Folâtries* (1553), éloquent et familier dans les *Discours*. Enfin, Ronsard manifeste dans ses hésitations son continuel souci du lecteur, même s'il hésite entre l'élite savante et les courtisans à qui il veut plaire. Le don qu'il fait de son œuvre dépasse le maigre intérêt des puissants pour atteindre sa véritable adresse, l'amateur de poésie, plus humble devant la beauté.

MICHEL DE MONTAIGNE (1533-1592) (Michel EYQUEM, seigneur de)

Montaigne a élaboré des *Essais* pendant trente ans. Imprégnée de vie et de livres, l'œuvre rend compte au mieux, et pour la première fois, de ce qu'est l'écriture conjuguée avec la réflexion sur le monde et sur soi.

Les livres et l'action

Né en Guyenne d'un père qui avait connu le temps glorieux des guerres d'Italie et les espoirs de l'humanisme, Michel de Montaigne reçoit d'abord l'éducation d'un précepteur allemand qui lui parle latin : l'accès aux bonnes lettres lui est assuré, malgré son dégoût du collège de Guyenne (1539-1546), où professaient pourtant d'illustres humanistes.

Après d'hypothétiques études de droit à Toulouse, il entre au Parlement de Bordeaux (1557) où il rencontre La Boétie : cet ami à la vertu stoïcienne mourra en 1563, laissant à Montaigne une impression de vide qu'il tentera de combler par *les Essais,* « tombeau » d'abord édifié autour des sonnets du disparu. Il participe aux premières guerres de religion comme gentilhomme loyaliste, mais se retire des « affaires » en 1571 pour rédiger ses notes ; un premier travail littéraire, la traduction du *Livre des créatures* de Raymond Sebond, lui avait été demandée par son père. Au lieu de continuer à « bâtir Montaigne », il écrit et lit, mais ne s'éloigne pas de la vie publique : il suit l'armée catholique et se retrouve pris entre deux camps, car il devient gentilhomme de la chambre du roi de Navarre. Atteint de la « gravelle », il part en voyage de cure en Allemagne et en Italie, juste après la première édition des *Essais* (1580). Il est élu maire de Bordeaux pendant son absence, puis une deuxième fois (1583-1585), alors qu'il doit contenir les ligueurs et négocier avec Henri de Navarre.

Après la peste de 1585 qui l'oblige à s'éloigner, il rédige de nombreuses additions aux livres déjà publiés et compose un Livre III. À Paris, où il s'est rendu pour faire imprimer sa nouvelle édition (1588), il est embastillé quelques heures, puis libéré sur l'intervention de la reine-mère et des Guise ; il participe ensuite aux États généraux de Blois et manifestera son loyalisme à Henri IV. Il lit encore beaucoup de philosophes et d'historiens, et rédigera jusqu'en 1592 un millier d'additions nouvelles. La mort interrompt la préparation d'une dernière édition réalisée en 1595 par sa

« fille d'alliance », Marie de Gournay, qui défend l'auteur contre les jugements défavorables de Pasquier et de Jean-Pierre Camus. Le *Journal de Voyage,* partiellement rédigé par Montaigne, ne paraîtra qu'en 1771.

Livre en spirale

À cause des « allongeails », le texte des *Essais* comporte trois strates qui s'interpénètrent plus qu'elles ne s'additionnent. Le nouveau texte effectue soit la synthèse, soit la transposition sur un autre plan de ce qui précède, quand il n'anticipe ou ne commente pas. Au lieu de se corriger, Montaigne réfléchit sur la façon et sur le fond de ce qu'il a écrit, infléchissant le sens de l'essai initial. Malgré les symétries et les ordres cachés qu'on a pu y trouver, l'unité de l'œuvre réside d'abord dans l'essai : certes, Montaigne aurait voulu entourer les œuvres de La Boétie de « grotesques » maniéristes, mais il n'est bientôt plus resté que les « chimères et monstres fantasques » dont l'auteur revendique la gestation aléatoire. Le chemin « oblique » rend difficile la lecture d'un message unifié, car Montaigne a beaucoup lu, beaucoup pesé ses lectures et les « cas » qu'elles représentaient. Son jugement s'élabore et se modifie de ce fait, comme dans sa perception de la mort, plutôt obsession stoïcienne dans le premier état, et mouvement naturel du monde dans le dernier. Tous les Montaigne sont possibles, l'augustinien, le libre penseur et le disciple d'Ockham, suivant la lecture partielle qu'on peut faire. Mais l'auteur invite aussi à peser les opinions, tenant compte de ce que « chaque chose a plusieurs biais et plusieurs lustres » : d'abord parce que l'observateur est divers, et aussi parce que l'objet d'étude varie sans cesse (II, 12). En effet, le constat de la diversité universelle n'est pas effectué par Montaigne pour redire la nostalgie d'une permanence : au contraire, la variété est reconnue comme un plaisir possible, même si elle confine à la vanité (III, 9). Préférant le mouvement du voyage à la fixité du « ménage », Montaigne se laisse aller à la Fortune et ne parle pas de Providence : tout jugement sur les desseins de Dieu lui paraît pure présomption humaine (II, 12). L'homme ne peut qu'assortir les faits à l'aide d'un jugement modéré. Il faudrait dire « ce me semble », pour exprimer des opinions philosophiques et démêler la vérité des différentes écoles. Une telle voie conduit à un sain scepticisme, non pas celui qui doute de tout, mais celui qui examine tout et « suspend son jugement », surtout quand il y va de la vie des autres, comme dans le cas des procès de sorcières (III, 11).

« Livre consubstantiel à son auteur... »

Les sciences étant aussi un monceau d'opinions non vérifiées, le seul objet d'étude possible est le « moi », à distinguer du « moi » psychologique de l'introspection. Celui de Montaigne est un « je » actif, encore implicite dans le premier état du texte mais de plus en plus visible comme juge, au second degré, d'un premier « je » observable. Le moi sexuel de l'essai « Sur des vers de Virgile » (III, 5) fait partie de cet objet vain, et le commentaire des poètes croise l'auto-commentaire de l'auteur. Montaigne insiste sur la consubstantialité de ce « moi » et du livre : « Nous allons conformément et tout d'un train, mon livre et moi » (III, 2), ce qui n'est nullement une confession, mais un mode d'écriture. Livre-enfant, *les Essais* sont à la fois production et produit, écrits pour perfectionner la « saisie » du monde et de soi, même s'il s'agit d'un moi malade et vieillissant, même s'il s'agit d'un monde corrompu par de mauvaises lois et par la guerre.

« L'arrière-boutique »

Il y a une pensée politique de Montaigne, en accord avec la pesée sceptique des opinions. Les coutumes sont devenues lois par la force du temps et les lois ne valent guère, gauchies comme elles le sont par la glose juridique. Mais elles sont nécessaires à la cohésion de l'État et le philosophe doit s'y plier (I, 23) sans non plus les servir avec un zèle excessif (III, 1) qui conduit au machiavélisme ou à la violence, et empêche de « ménager sa volonté ». Politique et négociateur, Montaigne est un catholique modéré qui a tenté de se tenir, entre les deux partis, « en pure indifférence » (III, 10). La même distance salutaire est observée à l'égard de toutes les charges et offices sociaux, pour lesquels la « cérémonie » est indispensable car ce ne sont que « vacations farcesques » (III, 10). Mais ce maintien d'« une arrière-boutique toute nôtre » peut s'appliquer aussi à la religion personnelle, assez différente de celle qu'on nous impose par la coutume : « Nous sommes chrétiens à même titre que nous sommes Périgourdins ou Allemands » (II, 12), et toutes les religions ont leurs martyrs. On rapproche l'attitude religieuse de Montaigne du « fidéisme » padouan, cette confiance en la foi qui sauve mais qui laisse libre cours à l'exercice de la raison.

La conversation

Pourtant, Montaigne ne cesse d'examiner la raison d'un point de vue très critique : dans l'« Apologie de Raymond Sebond » (II, 12), la défense du théologien attaqué par les tenants de la foi seule ne fait qu'accentuer l'incapacité de l'homme à raisonner sur le divin. Montaigne se moque aussi de l'enseignement de la logique, jeux de syllogismes sans rapport avec la réalité. Et malgré tout, la façon dont il procède pour combattre raison et logique est éminemment logique : déjà, la mise en parallèle d'opinions philosophiques contradictoires aboutissait à la question pyrrhonienne du « Que sais-je ? » ; la façon dont certains essais sont composés (« Des coches », III, 6), dont les additions sont insérées, montre qu'il y a une autre forme de logique du discours, inhérente au texte, et qui ne passe pas par les formes canoniques d'Aristote. Dans « De l'art de conférer » (III, 8), Montaigne propose comme modèle la conversation, plus proche des « propos d'enfants de boutique » que des disputes scolastiques : l'enchaînement des idées s'effectue par action-réaction, reprises, modifications, réemplois et jeux de langage, en bref, par tout ce que Montaigne pratique dans ses propres *Essais* bien qu'ils ne soient pas écrits sous forme de dialogue. Il se sert des modes de raisonnement fondés sur la langue et le discours, comme le paradoxe, l'ironie, et même des figures comme la métaphore qui offre des syllogismes implicites et des raisonnements par analogie condensés. À ce compte, il n'est pas besoin d'école pour connaître cette raison, que Montaigne veut « basse », à l'« école de bêtise » (III, 12) :

le paysan, qui ne discute pas des causes premières et accepte sereinement sa mort, et Socrate, exemple d'une sublime simplicité, suffisent à rendre moins vaine la quête de la sagesse. Le désordre rhétorique de certains essais ne fait que mieux apparaître la logique du propos.

Les « fadaises » ainsi énoncées par l'auteur ont cependant un style, dont l'originalité s'étend entre l'art du déploiement et celui de la brièveté. *Les Essais* fourmillent de citations qui ne sont pas toujours prélevées chez l'auteur d'origine, mais peuvent venir de compilations. Elles n'ont de sens que dans ce qu'elles disent, ici et maintenant, dans le nouveau texte qui les absorbe. Montaigne avoue lui-même qu'il les « dérobe » et leur donne une « particulière adresse ». Ces formules peuvent être prétextes, exemples ou contre-exemples. Elles participent de la brièveté par leur forme, mais de la longueur par leur nombre, et restent toujours en état de tension par rapport au reste du texte ; *les Essais* eux-mêmes ne sont pas avares de formules gnomiques, que l'on a souvent extraites pour en faire, à tort, des maximes de morale. Plus prolixe dans les narrations que dans les jugements, Montaigne fait de l'anti-rhétorique plus un principe qu'une réalité (II, 10) : la phrase n'échappe pas toujours au balancement cicéronien ; mais il reproche surtout aux orateurs leur utilisation du pouvoir des mots, car l'éloquence bien menée déchaîne les passions et inhibe le jugement. S'il fait l'éloge d'un « langage court et serré », qu'il pratique aussi, c'est pour provoquer la lecture, et non l'enfermer dans un discours totalisant.

Artiste des mots, Montaigne sait aussi jouer avec eux surtout dans l'usage des figures de répétition : paronomases, anaphores, jeux sur l'étymologie, concourent à faire de son texte « un peu trop épais en figures » une écriture orientée vers les « choses » : que ces « choses » soient aussi *les Essais* rend la boucle infinie. Mais l'écriture est aussi orientée vers ce destinataire que nous sommes, et l'auteur espère de lui une égale souplesse, une capacité à changer de position qui évite les jugements sclérosés. Montaigne a prévu les destinées possibles de son livre : du papier d'emballage à la gloire, en passant par la « faveur » d'une lecture privée. Mais la gloire suppose la mort, et Montaigne n'a cessé de dire que l'une et l'autre n'étaient que des noms.

AGRIPPA D'AUBIGNÉ
(1552-1630)

Le zèle politique et religieux d'Agrippa d'Aubigné a fourni l'élan des *Tragiques,* mais sa capacité de « voyant » a restitué la vraie Mémoire poétique, telle que la concevaient les Anciens : génératrice de formes et peintre de fresques animées.

Le poète divin et ses combats

Issu de la petite noblesse par sa mère et de la bourgeoisie de robe par son père, juge à Pons (Saintonge), Agrippa d'Aubigné peut faire de brillantes études sous la direction de Mathieu Béroalde, humaniste et neveu de Vatable, célèbre hébraïsant. Il se distingue très tôt par sa connaissance des « quatre langues », français, latin, grec et même hébreu, compose en latin et manie avec aisance les règles de l'argumentation ; l'hébreu lui permettra de pratiquer la Bible et de s'imprégner des images de l'Ancien Testament. Son père le voue à la cause réformée après la répression qui suit la conjuration d'Amboise (1560), et il doit fuir à Genève, où il aura Théodore de Bèze pour maître.

En 1568, il entre dans la vie militaire au service de Condé et échappe à la Saint-Barthélemy par hasard. Mais il est gravement blessé lors d'une embuscade, ce qui le conduit chez Diane Salviati, la nièce de la Cassandre de Ronsard, à Talcy près de Blois. Cette liaison bientôt rompue par le refus des parents le fait pétrarquiser, dans les *Stances* et *l'Hécatombe à Diane,* qui formeront le recueil du *Printemps,* jamais publié avant le XIXe siècle. Après cette première épreuve qui marquera son « élection », Agrippa devient écuyer d'Henri de Navarre, qu'il sert avec passion ; il partage néanmoins avec celui-ci une vie de débauche à Paris, avant d'organiser son évasion (1576). En 1577, il subit une seconde agonie après Casteljaloux et commence *les Tragiques.* Hostile à tout compromis avec les catholiques, il mène différentes campagnes mais connaît une crise en 1586, lorsqu'il est forcé par Henri de rendre Oléron qu'il avait prise : après cette brouille, il entreprend des lectures théologiques pour se convertir mais sa foi protestante en ressort triomphante.

Quand il devient gouverneur de Maillezais, l'essentiel des *Tragiques* est rédigé, mais il y ajoutera encore de nombreux vers, comme les « apophéties » ou prophéties données après l'événement (la mort de Henri IV). L'abjuration de son roi et des protestants intéressés provoque sa réprobation et il écrit *la Confession du Sieur de Sancy,* où il démontre ironiquement l'intérêt du catholicisme. Il participe en effet aux controverses théologiques avec « M. le Convertisseur », le cardinal Du Perron, avant de commencer la rédaction de *l'Histoire Universelle* (1601), en fait histoire des guerres de religion, qui double de façon linéaire et sans mise en perspective le projet des *Tragiques.* En même temps qu'il écrit des *Méditations sur les Psaumes,* sa position politique se radicalise : il fait partie des « Fermes » contre les « Prudents » auxquels il dédie un pamphlet, le « Caducée ou l'Ange de la Paix », et sa mauvaise situation le contraint à l'impression clandestine des *Tragiques* (1616), d'abord signés « L.B.D.D. », le « Bouc du Désert ».

L'affaire de La Rochelle investie par le duc d'Épernon, qui remet en cause les acquis de l'édit de Nantes, lui inspire les deux premiers livres du *Baron de Faeneste.* Les ennuis s'accumulent : il doit se défendre contre son fils Constant (le futur père de Mme de Maintenon), et *l'Histoire Universelle* à peine publiée (1618-19) est condamnée à être brûlée. Compromis dans la conspiration contre Luynes, favori de Louis XIII, il doit fuir à Genève (1620), où il compose un *Traité des guerres civiles* et *Du devoir mutuel des rois et des sujets,* qui prolonge les idées des « monarchomaques » des années 1580 (Hotman, Junius Brutus) et de La Boétie : un double contrat est nécessaire, une alliance juridique dont *les Tragiques* établissent le rapport symbolique dans l'Alliance du peuple d'Israël avec Dieu. Après une seconde édition du grand poème (1623 ?) et de *l'Histoire Universelle,* sont publiées l'année de sa mort les *Petites Œuvres mêlées,* où figurent des traductions des *Psaumes* en vers mesurés rivalisant avec la concision des formules hébraïques.

Du rite amoureux...

Le Printemps, renié dans la Préface des *Tragiques,* est un recueil assez disparate, alliant une violence verbale très rhétorique à une simplicité plus émouvante, qui annoncent précisément la variété des *Tragiques* : les images familières traduisent une passion éprouvée comme véridique, de la même façon que la cause protestante est celle de la Vérité. Cette écriture tourmentée présente dans des termes équivalents l'érotique et le mystique. Entre l'extase de l'amant et la liesse du « Jugement », entre les supplices du dédaigné et les tortures réelles des Martyrs, la différence d'expression est mince : mais la fin des poèmes replace l'énergie expressive dans l'intention galante, alors que la véhémence des *Tragiques* est dominée par la construction de l'ensemble. La parenté d'expression dans les tableaux sanglants est remarquable :

> Mais quoi ? puis-je connaître au creux de mes hosties
> À leurs boyaux fumants, à leurs rouges parties
> Ou l'ire, ou la pitié de ma divinité ?
>
> Sonnet 96.

Cette description manifeste à la fois le refus huguenot du sacrifice sanglant de la messe et la fascination pour le supplice décrit. La tendance au macabre place ces poésies comme les *Tragiques* dans le « style tragique élevé », où le baroquisme des images est inscrit dans une structure oratoire et rhétorique.

... au romanesque informel

Les Aventures du baron de Faeneste, dont le quatrième livre fit scandale à Genève en 1620, prolonge le genre de la satire anti-aulique et anti-catholique sur le mode du roman picaresque, avec un héros matamore. Le décousu de l'ensemble, l'enchevêtrement d'anecdotes fort proches du *Moyen de parvenir,* le refus manifeste de l'intrigue, et aussi les longueurs, apparentent ce texte aux « écritures bigarrées » qui, dès Rabelais, défont les formes du roman dès qu'elles tentent de se fixer.

Une composition de la Grâce

La tension et la beauté des *Tragiques* sont fondées sur deux paradoxes : le premier oppose la vérité de la cause, qui résulte de la position politique de d'Aubigné, aux conséquences de celle-ci, à savoir la nécessité de la révolte et de la guerre. L'auteur ne lutte pas seulement sur le plan juridique et littéraire, mais aussi par les armes. Le deuxième, interne à la religion réformée, est provoqué par la doctrine de la prédestination, qui met une distance infinie entre l'homme et Dieu, et la nécessité pour le poète de la combler : la Grâce, devenue inspiration poétique, remplit d'images et d'anges intercesseurs le vide creusé par la Chute.

Le poème est composé de sept tableaux (« Misères, Princes, Chambre dorée, Feux, Fers, Vengeances, Jugement »), d'après un chiffre eschatologique qui laisse penser à une construction non chronologique. Malgré l'opposition entre les premiers martyrs de la nouvelle religion (avant 1560) et la foule des persécutés pendant les guerres, les réduplications et la récurrence des thèmes montrent un plan plus symbolique : le mythe de Jonas (début de VI) scelle dans l'autobiographie reconstruite le destin du prophète et celui du poète. La nuit du monstre peut être à la fois celle de la mort réelle, subie par les condamnés, et la mort vicieuse, vécue par d'Aubigné pendant son « printemps de péchés ». Le récit allégorique de cette « conversion » est le nœud symbolique du texte, complété par la profession de Montalcine sur l'échafaud (IV) : la foi *seule*. La chronologie de l'écriture, celle des événements et celle de la conception ne se correspondent pas ; le début est plus historique, mais le poème s'élève progressivement jusqu'à l'eschatologie des deux derniers livres.

Ce fonctionnement s'appuie sur la transposition du sort des juifs à celui des protestants. Liés par le même sentiment d'élection, les deux peuples s'expriment par une parole communautaire justifiant la guerre sainte. Traversée du Désert, conquête de la Terre Promise, résistance à « Babylone », autorisent à prophétiser une même destinée pour les Réformés. Même alternance entre la Grâce et le Châtiment, expliquée pour les protestants par le relâchement de leurs mœurs et les abjurations (VI). Les Martyrs des premiers siècles préfigurent aussi ceux du moment, et ces correspondances contribuent à renforcer l'idée d'une structure étagée sur le modèle de l'ancienne exégèse ; les récits et images doivent se lire à un autre niveau symbolique et temporel : les « cendres » du jour de la Résurrection (VII) dont d'Aubigné nous donne les propriétés alchimiques, renvoient à la fois aux qualités de « lessive » et au résultat des bûchers. Les brûlés seront les plus parfaits à renaître, et le *Pimandre* comme Aristote contribuent à cette nouvelle sélection du Jugement.

Vision et persuasion

On s'accorde à dire que *les Tragiques* appartiennent au genre épique, déjà par les deux modèles qui les informent : la *Pharsale* et la *Bible*. D'Aubigné emprunte beaucoup à Lucain, ses images, son stoïcisme ambiant (Coligny est appelé « notre Caton »), la verve satirique, aussi imprégnée de Juvénal, notamment pour la description du roi hermaphrodite (II). Mais c'est la lecture de la *Bible* qui est responsable de la vision de l'Histoire dans *les Tragiques* : un passé de la description historique, une vision verticale assurée par les allégories de la « Chambre dorée » et le futur de l'Apocalypse (VI et VII). D'Aubigné poursuit le genre de l'épopée apocalyptique, fondée sur la « vision » des événements passés ou futurs, dans une mise en perspective qui n'est pas celle des anabaptistes, mais déchiffrement de signes.

À l'intérieur de ce cadre, d'Aubigné n'évite pas le genre du débat (Fortune et Vertu, II), ni le merveilleux médiéval dans les scènes de nécromancie attribuées à la « sorcière » Catherine de Médicis. Mais c'est la dimension de la satire (II) qui fait le mieux comprendre la modification apportée à l'épopée par l'inspiration biblique : l'auteur utilise les pamphlets de l'époque et dépasse leur rôle démystificateur, puisqu'il met ses cibles dans l'optique d'un Tribunal éternel.

En fait, ce qui voudrait être un procès des ennemis de la vraie foi ne s'organise pas de façon logique, car la structure dominante est celle de la série de « tableaux ». Il s'agit d'abord d'accumuler, et d'Aubigné utilise des ouvrages qui sont déjà des catalogues : *l'Histoire des Martyrs* (1554-1619) de Crespin, martyrologue huguenot qui rapporte les paroles des agonisants, où alternent l'acceptation et l'appel à la vengeance ; *les Grands et Redoutables Jugements et punitions de Dieu* (1581) de Monistrol, qui fournit la matière des châtiments célestes (VI) ; et bien entendu, Calvin et Bèze. Une première comptabilisation est nécessaire pour permettre la vision du procès final, mais les tableaux sont juxtaposés pour produire un effet émotif, et les « choses vues » sont plus un argument d'autorité qu'une réelle expérience. La fiction doit provoquer une conversion, et pour cela d'Aubigné utilise l'ancienne technique des « images de mémoire », de préférence sanglantes et colorées, augmentée de la mode des tableaux inspirés par les *Métamorphoses* d'Ovide, et qui donne à l'allégorie une plastique réelle (le « vieil Océan », V). Les images d'ici-bas sont contemplées par les allégories d'en haut, elles aussi images et théâtre céleste. Pour l'efficacité, d'Aubigné sélectionne les moments cruciaux : la famine à Montmoreau (I), le siège de Sancerre et sa « mère dévorante » ; de même, les massacres sont distribués selon les lieux, le cours des quatre grands fleuves, et non selon l'ordre chronologique. La peinture est donc plus évidente que le récit et installe les moments dans un temps fixe, comme en témoigne le recours aux *Tableaux ou histoires diverses qui sont mémorables touchant les guerres,* de Jean Tortorel et Jean Perissin (1570), dont d'Aubigné pratique l'« ekphrasis ».

Les cadences du tragique

Les tableaux sont soutenus par une description et des commentaires qui se soumettent à une rhétorique véhémente. D'Aubigné admire Ronsard (dont celui des *Discours*) et lutte contre les mignardises de Desportes et le cicéronianisme de Du Perron ; il utilise l'expression de la passion (apostrophes, prosopopées, interjections, dialogismes, interrogations oratoires, etc.) avec ses tropes favoris (oxymores, antithèses, hyperboles, etc.) et leurs constructions (coupes, rejets, accumulations, rythme ternaire) pratiquées par Jodelle, lui aussi admiré ; mais en outre, les ressources plus modernes du style biblique : parallélismes, antithèses résolues par un troisième terme, génitifs dits « hébraïques » qui donnent au deuxième nom une fonction totalisante (« l'homme *de péché* »), superlatifs du type « le Saint des Saints » et infinitifs substantivés. Les possibilités de l'image concrète, fréquentes dans la *Bible,* offrent un renouvellement à l'art de la métaphore, sorte d'exégèse condensée. D'Aubigné va plus loin que Du Bartas dans la contamination des différents moules et sources, ce qui confère à son texte une cadence presque hugolienne, missionnaire et visionnaire. Le titre trahit aussi l'influence de Sénèque et celle de l'*Art de la tragédie* écrit par Jean de La Taille en 1572 : la théorie du choc affectif et l'organisation du spectacle de l'horreur se retrouve dans Coligny contemplant du ciel son propre supplice (II) où d'Aubigné remplace la double lecture traditionnelle par le dédoublement théâtral.

Les Tragiques n'ont guère été lus de leur temps. Une circulation manuscrite et quelques « larcins » ne donnent pas la gloire au poète qui devra attendre la redécouverte de Mérimée et de Sainte-Beuve.

BÉROALDE DE VERVILLE (1556-1626) (François BROUARD, dit)

Béroalde de Verville concentre admirablement les défis de la Renaissance, dont celui d'avoir engagé avec le lecteur une redoutable partie d'interprétation.

Science, spiritualité et romans

Fils d'un professeur humaniste célèbre, Mathieu Béroalde, l'auteur est d'abord élevé dans la religion réformée : condisciple de d'Aubigné et de Pierre de L'Estoile, on le trouve au siège de Sancerre, puis à Genève (1572). C'est dans cette ville qu'il fait probablement des études médicales, mais ses premières publications sont d'un autre ordre : il édite le *Théâtre mathématique* de Jacques Besson (1578) et collabore à l'ouvrage d'héraldique de Bara (1579), partageant sa vie entre Lyon (alors ligueuse) et Genève, jusqu'en 1583 où il s'installe à Paris. Il publie les *Appréhensions spirituelles... poèmes et autres œuvres philosophiques, avec les recherches de la pierre philosophale* ; les *Connaissances nécessaires,* épopée des débuts du monde dans la lignée de Scève et de Du Bartas ; des poèmes spirituels dans l'esprit du lyrisme sacré *(Stances de la mort, la Muse céleste)* ; les *Soupirs amoureux,* d'une veine plus gaillarde et plus proche du *Moyen de parvenir* ; enfin un traité scolastique en vers, *De l'âme* (1584). Il aurait écrit en outre un roman, les *Aventures d'Ali* (1581) et deux tragédies perdues. La forme du dialogue philosophique et mondain le tente aussi, avec un *Dialogue de la vertu,* un *Dialogue de l'honnête amour* (1584) repris ensuite dans les mélanges du *Cabinet de Minerve* (1596) où figurera aussi la *Sagesse... auquel est traité du moyen de parvenir au parfait état de bien vivre* et son titre parodié plus tard. Un ouvrage juridique et utopique, *l'Idée de la République* (1584) proposait de son côté un idéal de vertu politique. L'œuvre est déjà disparate, et la vie de l'auteur pleine d'obscurités : Verdun-Louis Saulnier situe son abjuration vers les années 1586-1588 et on sait qu'il devint chanoine. À partir de 1589, il est à Tours où il semble rester jusqu'à sa mort. La ville y accueille la Cour, mais son industrie de la soie périclite : Béroalde écrira une *Histoire des vers qui filent la soie* (1600) à un moment où Henri IV favorise la sériciculture. L'auteur a toujours manifesté un grand intérêt pour les techniques et se considère comme un « manipulaire » ; il effectue divers travaux pour des éditeurs, rédige *les Aventures de Floride* (1593-1596) et *le Voyage des Princes fortunés,* romans marqués par les préoccupations alchimistes.

L'Autre du discours

On retrouve cet aspect au centre du *Moyen de parvenir,* probablement achevé vers 1610 : le discours de Paracelse (chap. 35-36) est un éloge paradoxal de la « piperie », mais dévoile en même temps le but non secret du livre, mettre à nu le fonctionnement du discours humain autorégulé et sans liaison avec les choses. L'alchimie du verbe s'opère dans la structure romanesque, à première vue imitée de la *Turba Philosophorum,* texte médiéval qui met en scène des alchimistes. Tout ici est manipulé : la matérialité du texte, mystificatrice, puisqu'aucune édition contemporaine ne mentionne de lieu ou de date (« imprimé cette année » dit la page de titre...) et bien entendu, pas de nom d'auteur ; le déroulement des propos, supposés reproduire les discours de banqueteurs, mais aussi un manuscrit remanié ayant malencontreusement mélangé texte et glose ; l'esprit libertin et paillard, présent dans la majorité des contes et interventions, et qui renvoie à l'attitude du lecteur : « Les paroles ne sont point sales, il n'y a que l'intelligence » (chap. 76), et c'est « Cicéron » qui le dit. Partant de ces principes, tous les niveaux de la communication sont brouillés et instables : les banqueteurs sont surtout des personnalités connues, passées (Socrate, Nicolas de Cues, Néron, la Pucelle d'Orléans), ou récentes (Ramus, Sturm, Luther, Bèze...) ; ou encore des pronoms indéfinis (« quelqu'un », « cettuy-cy » et surtout l'« Autre ») qui pourraient être l'auteur, ou le lecteur. Cédant à une compulsion de répétition qui fait redire sans cesse le sexe par d'autres indéfinis (« cas », « cela », « chose ») ou une langue plus verte, le texte bouge entre ce qu'il dit et tait, dans une continuelle transmutation de propos. Les titres des chapitres ne correspondent surtout pas à leur contenu, et reprennent les subdivisions sérieuses ou facétieuses des ouvrages classiques. En revanche, les noms propres des quelque trois cent quatre-vingts locuteurs semblent souvent choisis en fonction du discours tenu : « Érasme » renvoie au cicéronianisme, « Baïf » rappelle à « Ronsard » qu'il est tonsuré, « Münster » est soi-disant loué par Thévet, « Sturm » parle de lard en Carême, « Épicure » d'univers gauchi, etc. Mais il y a moins satire que jeu sur les références. De même, le libertinage tient aux mots, et fait tenir les propos libres à grands renforts de « comme » et d'« à propos ». Les faux lapsus (« fariboles » pour « paraboles »), les déformations dignes de Ionesco (la « réputanation »), donnent à la vérité de la lettre un nouvel air, celui de sa réception, orientée par la question de Diogène : « Ignorez-vous que, d'ici à quelques siècles, ce sympose ne soit, selon son mérite, tenu pour authentique ? » (chap. 30). De même ce livre, qui se prétend la source de tous les livres, présents et à venir, propose son mode de lecture « anamorphotique ». La postérité a longtemps biaisé en n'y voyant qu'un recueil de contes libertins, mais la critique récente tente de rétablir l'ordre du labyrinthe.

BIBLIOGRAPHIE

Jean Lemaire de Belges

La Plainte du Désiré, éd. D. Yabsley, Droz, 1932 ;
Deux Épîtres de l'amant vert, éd. J. Frappier, Droz, 1948 ;
la Concorde des deux langages, id. et *ibid.*, 1947 ;
le Temple d'Honneur et de Vertu, éd. H. Hornik, Droz, 1957 ;
la Concorde du genre humain, éd. P. Jodogne, Palais des Académies, Bruxelles, 1964 ;
Œuvres de J. Lemaire de Belges, éd. J. Stecker, Louvain, 1882-1891, rééd. de l'édition de 1549, Slatkine, 1969, 4 vol.

Études

ABELARD J., *les Illustrations de Gaule de Jean Lemaire de Belges : étude des éditions, genèse de l'œuvre,* Droz, 1976.

BERGWEILER U., *Die Allegorie im Werk von Jean Lemaire de Belges,* Droz, 1976.

DOUTREPONT G., *Jean Lemaire de Belges et la Renaissance,* 1934, réimp. Slatkine, 1974.

FRAPPIER J., trois articles dans *Études d'histoire et de critique littéraire,* Champion, 1976.

JODOGNE P., *Jean Lemaire de Belges, écrivain franco-bourguignon,* Palais des Académies, Bruxelles, 1972.

Rabelais

Les romans de Rabelais sont réédités au Livre de Poche, éd. P. Michel, 1965-1969, et en Garnier-Flammarion, éd. J.Y. Pouilloux, 1968-1971.

Études

Pantagruel, éd. V.-L. Saulnier, Droz, 1946, rééd. 1965 ;
Gargantua, éd. R. Calder et M.A. Screech, Droz et Minard, 1970 ;
le Tiers Livre, éd. M.A. Screech, Droz, 1964 ;
le Quart Livre, éd. R. Marichal, Droz, 1947, rééd. 1967 ;
Œuvres complètes, Pléiade, Gallimard, 1970 ;
Œuvres complètes, éd. par G. Demerson, coll. l'Intégrale, Seuil, 1973.

Études sur le « message » rabelaisien

Pour le fond, consulter

BEAUJOUR M., *le Jeu de Rabelais,* l'Herne, 1969.

BUTOR M. et HOLLIER D., *Rabelais ou c'était pour rire,* coll. Thèmes et textes, Larousse, 1972.

DEFAUX G., *Pantagruel et les Sophistes. Contribution à l'étude de l'humanisme chrétien au XVIe siècle,* M. Nijhoff, 1973.

DIEGUEZ (DE) M., *Rabelais par lui-même,* Seuil, 1960.

GRÈVE (DE) M., *l'Interprétation de Rabelais au XVIe siècle,* Droz, 1961.

GAIGNEBET C., *A plus haut sens. L'Ésotérisme spirituel et charnel de Rabelais,* Maisonneuve et Larose, 1986.
PARIS J., *Rabelais au futur,* coll. Change, Seuil, 1970.
SAULNIER V.-L., *Rabelais dans son enquête, I : la sagesse de Gargantua. Le dessein de Rabelais,* SEDES-CDU, 1983 ; *II : étude sur le Quart et le Cinquième Livre, ibid.,* 1982.
SCREECH M.A., *l'Évangélisme de Rabelais,* Droz, 1959.

Pour la forme et le langage
GLAUSER A., *le Faux Rabelais ou l'inauthenticité du Cinquième Livre,* Nizet, 1975.
GRAY F., *Rabelais et l'écriture,* Nizet, 1974.
HUCHON M., *Rabelais grammairien. De l'histoire du texte aux problèmes d'authenticité,* Droz, 1981.
MOREAU F., *Un Aspect de l'imagination créatrice chez Rabelais, l'emploi des images,* SEDES-CDU, 1982.
RIGOLOT F., *les Langages de Rabelais,* Droz, 1972.
SAINEAU L., *la Langue de Rabelais,* éd. De Boccard, 1922-1923, 2 vol.

Marguerite de Navarre
Le Miroir de l'âme pécheresse, éd. R. Salminen, Suomalainen Tieakademia, Helsinki, 1979 ;
Dialogue en forme de vision nocturne, id. et *ibid.,* 1985 ;
les Prisons, éd. S. Glasson, Droz, 1978 ;
Théâtre profane, éd. V.-L. Saulnier, Droz, 1965 ;
Chansons spirituelles, éd. G. Dottin, Droz, 1961 ;
la Navire, éd. R. Marichal, Champion, 1956 ;
les Marguerites de la Marguerite des princesses, introd. de R. Thomas, éd. de 1547, Mouton, 1970.

Études
FEBVRE L., *Autour de l'Heptaméron. Amour sacré, amour profane,* coll. Idées, Gallimard, 1974.
JOURDA P., *Marguerite d'Angoulême, duchesse d'Alençon, reine de Navarre. Étude biographique et littéraire,* 1930, réimp. Slatkine, 1978.
TELLE É.V., *l'Œuvre de Marguerite d'Angoulême, reine de Navarre, et la querelle des femmes,* 1937, réimp. Slatkine, 1970.

Pour l'Heptaméron, consulter
L'Heptaméron, éd. M. François, éd. Garnier, 1967.
L'Heptaméron, éd. P. Jourda, dans *Conteurs français du* XVIe *siècle,* Pléiade, Gallimard, 1956.
L'Heptaméron, éd. S. Glasson de Reyff, Garnier-Flammarion, 1982.

CAZAURAN N., *l'Heptaméron de Marguerite de Navarre,* SEDES, 1976.

Davis B.J., *The Storysellers in M. de Navarre's Heptaméron,* French Forum Publishers, 1978.
La Garanderie (De) M.-M., *le Dialogue des romanciers. Une nouvelle lecture de l'Heptaméron,* coll. Archives des lettres modernes, Minard, 1979.
Lajarte (De) P., « Modes du discours et formes d'altérité » dans les « Nouvelles de Marguerite de Navarre », dans *Littérature,* n° 55, oct. 1984, p. 64 à 73.

Clément Marot

Les Épîtres, œuvres satiriques, œuvres lyriques, etc., éd. C.A. Mayer, Athlone Press, Londres, 1962-1970, Slatkine reprints, 1981, 6 vol. ;
l'Adolescence clémentine, éd. V.-L. Saunier, A. Colin, 1958 ;
Œuvres choisies, éd. Y. Giraud, Garnier-Flammarion, 1973 ;
Œuvres complètes, éd. G. Guiffrey, Paris, 1875-1935, Slatkine reprints, 1968.

Études

Defaux G., « Rhétorique, silence et liberté dans l'œuvre de Marot. Essai d'explication d'un style », dans *Bibliothèque d'humanisme et renaissance,* 1984, t. 2, p. 299 à 322.
Griffin R., *Clément Marot and the Inflections of Poetic Voice,* Berckeley, 1974.
Guy H., *Histoire de la poésie française à la Renaissance,* t. 2, « Marot et son école », Champion, 1926, réimp. 1970.
Jourda P., *Marot, l'homme et l'œuvre,* Hatier, 1950.
Kinch C.-E., *la Poésie satirique de Clément Marot,* Boivin, 1940.
Mayer C.-A., *Clément Marot,* Nizet, 1972.
Rigolot F., *Poétique et Onomastique,* Droz, 1977.
Saulnier V.-L., *les Élégies de Clément Marot,* SEDES-CDU, 1952, rééd. 1968.
Screech M.A., *Marot évangélique,* Droz, 1967.
Vianey J., *les Épîtres de Marot,* Nizet, 1962.

Maurice Scève

Délie, éd. I.D. Mac Farlane, Cambridge University Press, 1966 ;
Délie, éd. F. Charpentier, coll. Poésie, Gallimard, 1984 ;
Saulsaye, éd. originale annotée par M. Françon, Cambridge University Press, 1959 ;
Microcosme, éd. E. Giudici, Carigliano, et Vrin, 1976 ;
Œuvres complètes, éd. P. Quignard, Mercure de France, 1974.

Études

Coleman D.G., *Maurice Scève, Poet of Love, Tradition and Originality,* Cambridge University Press, 1975.
Saulnier V.-L., *Maurice Scève. Les Milieux, la carrière, la destinée,* Klincksieck, 1948-1949, réimp. Slatkine, 1981.

Pour la Délie

ARDOUIN P., *la Délie de Maurice Scève et ses cinquante emblèmes,* Nizet, 1982.

COLEMAN D.G., *An Illustrated Love « Canzoniere », The Delie of M. Sceve,* Slatkine, 1980.

FENOALTEA D., *« Si haulte architecture », The Design of Sceve's Delie,* French Forum Publishers, 1982.

GIUDICI E., *Maurice Scève, Poeta della Delie,* Ateneo, Rome, 1965, t. 1 ; Liguori, Naples, t. 2.

QUIGNARD P., *la Parole de la Délie,* Mercure de France, 1974.

STAUB H., *le Curieux Désir, Scève et Peletier Du Mans, poètes de la connaissance,* Droz, 1967.

TETEL M., *Lectures scéviennes. L'emblème et les mots,* Klincksieck, 1983.

Joachim du Bellay

L'Olive, éd. E. Caldarini, Droz, 1974 ;

Divers Jeux rustiques, éd. V.-L. Saulnier, nouv. éd. Droz, 1965 ;

les Regrets et les *Antiquités de Rome,* éd. S. de Sacy, coll. Poésie, Gallimard, 1975 ;

Xenia..., éd. M. Smith, Droz, 1974 ;

Défense et Illustration de la langue française, éd. L. Terreaux, Bordas, 1973 ;

Poètes du XVIe *siècle,* éd. A.-M. Schmidt, Pléiade, Gallimard, 1953.

BELLANGER Y., *Du Bellay, les Regrets qu'il fit dans Rome...,* Nizet, 1975.

DEGUY M., *Tombeau de Du Bellay,* Gallimard, 1973.

GADOFFRE G., *Du Bellay et le sacré,* Gallimard, 1978.

RIGOLOT F., « Du Bellay et la poésie du refus », dans *Bibliothèque d'Humanisme et Renaissance,* 1974, t. 36, p. 489-502.

SAULNIER V.-L., « Commentaires sur les Antiquités de Rome », *ibid,* 1950, t. 12, p. 114-143.

VIANEY J., *les Regrets de Du Bellay,* E. Malfère, 1930, Nizet, Paris, 1967.

Ronsard

Les Amours, éd. M. Bensimon, Garnier-Flammarion, 1977 ;

les Amours, éd. C. et H. Weber, Garnier, 1963 et 1976 ;

Discours et derniers vers, éd. Y. Bellanger, Garnier-Flammarion, 1979 ;

le Second Livre des Amours, éd. A. Micha, Droz, 1951 ;

les Sonnets pour Hélène, éd. M. Smith, Droz, 1970 ;

les Hymnes, éd. A. Py, Droz, 1978 ;

les Discours des misères de ce temps, éd. M. Smith, Droz, 1979 ;

Œuvres complètes, éd. P. Laumonnier, R. Lebègue et I. Silver,

Didier, 1914-1975, 20 vol. (Nouv. éd. en préparation dans la Pléiade, Gallimard.)

ARMSTRONG E., *Ronsard and the Age of Gold,* Cambridge University Press, 1968.

DASSONVILLE M., *Ronsard, étude historique et littéraire,* Droz, t. 1, 1968, t. 2, 1970, t. 3, 1976, t. 4, 1985.

DESONAY F., *Ronsard, poète de l'amour,* Duculot, 1952-1959.

GADOFFRE G., *Ronsard par lui-même,* Seuil, 1960-1972.

GENDRE A., *Ronsard, poète de la conquête amoureuse,* La Baconnière, Neuchâtel, 1970.

GORDON A., *Ronsard et la Rhétorique,* Droz, 1970.

LEBÈGUE R., *Ronsard,* coll. Connaissance des lettres, Hatier, 1950, rééd. 1966.

MÉNAGER D., *Ronsard, le roi, le poète et les hommes,* Droz, 1979.

NOLHAC de P., *Ronsard et l'Humanisme,* Champion, 1921.

QUAINTON M., *Ronsard's Ordered Chaos, Visions of Flux and Stability in the Poetry of P. de Ronsard,* Manchester University Press, 1980.

SILVER I., *Ronsard and the Hellenic Renaissance in France,* Washington University Press, 1961, et Droz, t. 1, 1981, t. 2, 1986.

TERREAUX L., *Ronsard correcteur de ses œuvres : les variantes des Odes et des deux premiers livres des Amours,* Droz, 1968.

WILSON B.D., *Ronsard, Poet of Nature,* Cambridge University Press, 1968.

Autour des Hymnes de Ronsard, éd. M. Lazard et *alii,* recueil collectif, Champion, 1984.

Revues

Europe, consacré à Ronsard et M. Scève, n° double de novembre 1986.

« le Poète et ses lecteurs : le cas Ronsard », dans *Œuvres et Critiques,* G. Narr et J.M. Place, n° 6, 2, 1981-1982.

Revue d'histoire littéraire de la France, n° 4 spécial, juillet-août, 1986.

Montaigne

Les Essais, éd. A. Micha, Garnier-Flammarion, 1979, 3 vol. ;

les Essais, éd. P. Villey revue par V.-L. Saulnier, P.U.F., 1965, 3 vol., 1978 ;

le Journal de voyage en Italie, éd. F. Garavini, coll. Folio, Gallimard, 1983.

BRODY J., *Lectures de Montaigne,* French Forum Publishers, 1982.

BUTOR M., *Essais sur les Essais,* Gallimard, 1968.

CROQUETTE B., *Étude du Livre III des Essais de Montaigne,* coll. Unichamp, Champion, 1985.
FRIEDRICH H., *Montaigne,* trad. Gallimard, 1967.
NAKAM G., *Montaigne et son temps, I : Les événements et les Essais,* Nizet, 1982 ; *II : les Essais de Montaigne. Miroir et procès de leur temps,* Nizet, 1984.
POUILLOUX J.-Y., *Lire les Essais de Montaigne,* Maspéro, 1969.
STAROBINSKY J., *Montaigne en mouvement,* Gallimard, 1983.
THIBAUDET A., *Montaigne,* Gallimard, 1963.
TOURNON A., *Montaigne. La glose et l'essai,* Presses Universitaires de Lyon, 1983.
VILLEY P., *les Sources et l'Évolution des idées de Montaigne,* 2 vol., Hachette, 1908.
Rhétorique de Montaigne, actes de colloque, Champion, 1985.

Revues
Œuvres et Critiques, G. Narr et J.-M. Place, n° spécial, VIII, 1-2, 1983.
Montaigne, *les Derniers Essais,* Cahiers textuels 34/44, n° 2, 1986.
On pourra consulter également le *Bulletin de la Société des Amis de Montaigne.*

Agrippa d'Aubigné
Printemps, I : Hécatombe à Diane, éd. B. Gagnebin, Droz, 1948 ; *II : Stances et Odes,* éd. F. Desonay, Droz, 1952 ;
l'Hécatombe à Diane et les Stances, éd. H. Weber, P.U.F., 1960 ;
l'Histoire universelle, éd. A. Thierry, Droz, t. 1, 1981, t. 2, 1982, t. 3, 1985 ;
les Tragiques, éd. A. Garnier et J. Plattard, 4 vol., Nizet, 1939 et 1975 ;
les Tragiques, éd. J. Bailbé, Garnier-Flammarion, 1968 ;
Œuvres, éd. H. Weber, M. Soulié et J. Bailbé, Pléiade, Gallimard, 1969.
BAILBÉ J., *Agrippa d'Aubigné. Poète des Tragiques,* publ. de la faculté des Lettres et Sciences humaines de Caen, 1968.
GALZY J., *Agrippa d'Aubigné,* Gallimard, 1965.
LANGER U., *Rhétorique et Intersubjectivité. Les Tragiques d'Agrippa d'Aubigné,* Papers in French Seventeenth Century Litterature, 1984.
LESTRINGANT F., *les Tragiques,* coll. Études Littéraires, P.U.F., 1985.
REGOSIN R.L., *The Poetry of Inspiration, Agrippa d'Aubigné's Les Tragiques,* University of North Carolina Press, 1970.
SOULIÉ M., *l'Inspiration biblique dans la poésie religieuse d'Agrippa d'Aubigné,* Klincksieck, 1977.
CÉARD J., « Le thème du Monde à l'envers dans l'œuvre d'Agrippa d'Aubigné » dans *l'Image du monde renversé et ses*

représentations littéraires et para-littéraires, actes de colloque, Vrin, 1979, p. 117-127.

Béroalde de Verville

Le Moyen de Parvenir, éd. A. Tournon et H. Moreau, 2 vol., repr. de la première éd., Publications de l'Université de Provence, 1984.

PALLISTER J.-L., *The World View of B. de Verville,* Vrin, 1971.

RENAUD M., *Pour une lecture du Moyen de Parvenir,* Nizet, 1979.

SAULNIER V.-L., « Étude sur B. de Verville. Introduction à la lecture du *Moyen de Parvenir* », dans *Bibliothèque d'humanisme et Renaissance,* t. 5, p. 109-326, 1944.

TOURNON A., « Paracelse, l'Autre : change et piperie dans le *Moyen de Parvenir* de B. de Verville » dans *l'Imaginaire du changement en France au XVIe siècle,* Presses Universitaires de Bordeaux, 1984.

ZINGUER I., *Structures narratives du Moyen de Parvenir,* Nizet, 1979.

ANNEXES

Chronologie

On trouvera regroupés dans la présente chronologie les faits marquants de la période analysée : histoire/vie intellectuelle/œuvres. Une telle chronologie ne prétend — évidemment ! — pas à l'exhaustivité mais permet, par une consultation rapide, de mettre en relation les événements les uns par rapport aux autres soit dans une perspective synchronique (rapport politique/culturel, par exemple), soit selon une lecture diachronique (développement de l'œuvre d'un auteur, évolution d'un genre...).

Signification des symboles :

- la flèche |→| indique soit une date de décès, soit l'achèvement d'une œuvre ou d'un événement.
- pour les œuvres, quatre logotypes sont proposés :
  l'hexagone |⬡| rassemble les œuvres littéraires françaises ;
  le cercle |○|, les œuvres littéraires étrangères ;
  l'ouïe |∫|, les œuvres musicales françaises et étrangères ;
  l'étoile |☆|, les œuvres artistiques — peinture, sculpture, architecture... — françaises et étrangères.

Index des auteurs cités

(Voir page 219)

1460		• *(ca)* Molinet compose son *Art de rhétorique* (entre 1460 et 1475) ; composition de l'*Évangile des Quenouilles.*	
1461	• Avènement de Louis XI.		⬡ • Meschinot, *les Lunettes des Princes* ; *Sotie des menus propos.*
1464			⬡ • *Farce de Maître Pathelin.*
1466	• Louis XI occupe la Normandie : Ligue des ducs de Bourgogne et de Bretagne contre lui.		
1467			⬡ • Molinet, *le Trône d'Honneur.*

1468

• Louis XI bat le Téméraire. • Traité d'Ancenis. • Entrevue de Péronne : le roi est fait prisonnier.	• Commynes devient historiographe de Louis XI.	

1470

	• Les premières presses d'imprimerie s'installent à Paris.	

1472

• Louis XI occupe la Picardie. Siège de Beauvais par le Téméraire : héroïsme de Jeanne Hachette.		

1473

• Louis XI écrase les principales maisons féodales (→ 1477)	• Naissance (?) de Jean Lemaire de Belges (→ 1516).	⬡ • Fichet, *Rhetorica* ; Gaguin, *Ars versificatoria.*

1475

		⬡ • *(ca)* Tardif, *Rhetorica.*

1477

• Mort de Charles le Téméraire à la bataille de Nancy. • Louis XI veut récupérer la Bourgogne, les villes de la Somme, l'Artois et la Flandre.		

1480

• Mort du roi René d'Anjou. Louis XI hérite de ses terres (Anjou, Provence).	• Molinet compose *la Ressource du petit peuple.*	⬡ • *(ca)* Baude, *Dits moraux pour faire tapisserie.*

1482

• Traité d'Arras.		

1483

• Mort de Louis XI et avènement de Charles VIII.		

1484

• Avec Innocent VIII, la magie populaire devient hérésie. • États généraux de Tours.	• Naissance probable de Rabelais (→ 1553). • Arrivée de professeurs italiens à Paris.	

1485

• « Guerre folle » : révolte des grands féodaux contre le gouvernement d'Anne de France pendant la minorité de Charles VIII (→ 1488) ; le futur Louis XII est à sa tête.		☆ • Anonyme, *Entrée du roi Charles VIII à Rouen.*

1486

	• Première édition du *Malleus Maleficarum (le Marteau des sorcières),* manuel d'Inquisition.	⬡ • Michel, *Passion.*

1489

	• Commynes rédige les six premiers livres de ses *Mémoires.*	⬡ • Saint-Gelais (Octovien), *Séjour d'honneur* (→ 1493).

1490

		☆ • *(ca)* Bosch, *la Nef des fous.* ⬡ • Lefèvre d'Étaples, *Introduction à la « Physique » d'Aristote.*

1491

• Mariage d'Anne de Bretagne et de Charles VIII.		

1492

• Prise de Grenade par les rois Catholiques. • Christophe Colomb aborde aux Antilles. • Les Juifs sont chassés d'Espagne. • Alliance de Charles VIII et de Ludovic Sforza (Le More).	• Naissance de Marguerite de Navarre (→1549).	

1493

	• Josse Bade édite *Térence* chez Treschel.	☆ • Dürer, *Autoportrait.*

1494

• Charles VIII en Italie : libération de Pise. • Traité de Tordesillas qui partage le Nouveau Monde entre l'Espagne et le Portugal.		

1495

• Prise de Naples. Formation d'une Sainte Ligue pour forcer le roi de France à renoncer à Naples.	• Mort (?) de Johannes Ockeghem à Tours.	

1496

• Capitulation des Français à Naples.	• Naissance de Clément Marot (→ 1544).	

1497

	• Josse Bade traduit le *Narrenschiff* de Sébastien Brant en latin.	☆ • Vinci, *la Cène.*

1498

• Mort de Charles VIII ; Louis XII affirme ses prétentions sur le Milanais.	• Réforme des études universitaires.	⬡ • Lemaire, *Oraison à la Vierge.*

1499

• La Suisse se détache de l'Empire. Louis XII envahit l'Italie du Nord, revendique le Milanais et Gênes ; mariage avec Anne de Bretagne.		○ • Érasme, premiers *Adages.*

1500

• Louis XII reconquiert le Milanais ; Sforza est fait prisonnier.	• Naissance (?) de Maurice Scève (→ 1560 ?).	∫ • Josquin Des Prés, *Miserere.*

1501

• Conquête du royaume de Naples.		

1502

		⬡ • Champier, *la Nef des Princes.*

1503

• Mort de Philippe le Beau, père de Charles Quint.	• Marguerite d'Autriche commande à Jean Lemaire l'église de Brou.	⬡ • Champier, *la Nef des Dames vertueuses* ; Lemaire, *le Temple d'Honneur et de Vertu.* ☆ • Michel-Ange, *la Sainte Famille* ; *(ca)* Vinci, *la Joconde.*

1504

• Les Français sont chassés de Naples par Ferdinand d'Aragon, avec qui ils l'avaient pourtant conquise. • Traité de Blois : Louis XII perd l'Italie.		⬡ • Lemaire, *la Plainte du Désiré.* ○ • Sannazar, *Arcadia.*

1505

	• Henri-Cornelius Agrippa écrit la *Précellence du sexe féminin* pour Marguerite d'Autriche.	○ • Bembo, *I Azzolani.* ⬡ • Lemaire, *la Couronne margaritique, l'Amant vert.*

1506

		⬡ • Lefèvre d'Étaples, *Hécatonomies ;* • Marot (Jean), *la Vrai-disant Avocate des Dames.*

1507

• Révolte de Gênes contre les Français.		⬡ • Champier, *De quadruplici vita* ; Tissard, *Grammaire grecque.*

1508

• Traité de Cambrai.	• Lemaire découvre les faux d'Annius de Viterbe et répand le mythe troyen.	○ • *Amadis.* ⬡ • Budé, *Annotations aux « Pandectes ».* ☆ • Michel-Ange, plafond de la Sixtine : *la Genèse* (→1512).

1509

• Jules II réunit une Sainte Ligue contre les Français.	• Naissance d'Étienne Dolet (→1546).	⬡ • Lefèvre d'Étaples, *Quintuplex Psalterium.* ○ • Pontano, *De Sermone.*

1510

		☆ • *(ca)* Cranach, *Adam et Ève.* ○ • Érasme, *Éloge de la folie.*

		⬡ • Bovelles, *le Livre du Néant.* • Gringore, *la Chasse au cerf* ; Lemaire, *Illustrations de Gaule* (→1513) ; Marot (Jean), *le Doctrinal des princesses.*

1511

		⬡ • Lemaire, *la Concorde des deux langages.*

1512

• Concile de Latran (→1517). • Mort de Gaston de Foix ; victoire de Ravenne.		⬡ • Lefèvre d'Étaples, *Épîtres de Paul.*

1513

• Jean Reuchlin est condamné à Mayence pour « talmudisme ». • Perte de l'Italie après la bataille de Novare ; les Suisses envahissent la Bourgogne et les Anglais débarquent.		

1514

		⬡ • Budé, *De Asse.* ○ • Machiavel, *le Prince.*

1515

• Mort de Louis XII ; François Ier gagne la bataille de Marignan ; campagne de Lombardie et ligue franco-italienne.	• François Ier invite Léonard de Vinci à Amboise.	⬡ • Marot (Clément), *le Temple de Cupido* ; *(ca)* Vigneulles, *les Cent Nouvelles nouvelles.*

1516

• Concordat de Bologne. • Charles devient roi d'Espagne.		○ • Ariosto, *Orlando Furioso (Roland furieux).* • More, *Utopia.* ⬡ • Gringore, *Fantaisies de Mère Sotte.*

1517

• Traité de Cambrai entre François Ier, Maximilien et Charles d'Espagne. • Publication des 95 thèses de Luther contre les Indulgences (à Wittenberg).		○ • Pomponazzi, *Tractatus de immortalitate animi.*

1519

• Charles Quint devient empereur, malgré la candidature de François Ier.	• Mort de Léonard de Vinci.	

1520

• La Sorbonne veut interdire l'étude du grec. • François Ier éblouit Henri VIII au Camp du drap d'or.		

1521

• Excommunication de Luther. • Guerre entre François Ier et Charles Quint.	• Le groupe évangélique de Meaux se réunit autour de Briçonnet (→ 1524). • La bibliothèque de Fontainebleau est dirigée par Guillaume Budé.	⬡ • Fabri, *le Grand et Vrai Art de pleine rhétorique.* • Lefèvre d'Étaples, *Paraphrases* sur le Nouveau Testament. ○ • Horapollon, *Hieroglyphica.*

1522

• Défaite française de La Bicoque et perte du Milanais. • Disette en France.	• Naissance de du Bellay (→ 1560).	⬡ • Lefèvre d'Étaples, les *Évangiles* en français.

1523

• Le connétable de Bourbon, spolié par François Ier, passe à l'Empire. • Révolte des Rustauds en Dauphiné (→ 1525).		☆ • Holbein, *Portrait d'Érasme.*

1524

• Invasion de la Provence par le Connétable mais échec devant Marseille. • François Ier en Milanais.	• Naissance de Ronsard (→ 1585). • Jean Bouchet commence à rédiger ses *Épîtres* (→ 1534).	☆ • Clouet, *Portrait de François Ier.*

1525

• Rupture d'Érasme et de Luther. • Pavie : François Ier est fait prisonnier puis transféré en Espagne.	• P. Sala réécrit le *Tristan* en prose.	○ • Georges de Venise, *De Harmonia mundi.* ☆ • Titien, *Mise au tombeau.*

1526

• Traité de Madrid : les enfants royaux restent en otage (→ 1530). • Contrôle de La Hongrie par les Turcs.	• Marot, enfermé pour « avoir mangé le lard », rédige l'*Enfer*. • Ignace de Loyola rédige ses *Exercices spirituels*.	

1527

• Sac de Rome par les lansquenets de l'empereur.		○ • Érasme, *Ciceronianus*.

1528

• Reprise de la guerre contre l'empereur.		○ • Agrippa, *De occulta Philosophia* ; Castiglione, *Corteggiano*. ⬡ • Salmon Macrin, *Carminum Libellus*.

1529

• La Grande Rebeyne de Lyon, à la suite d'une disette. • Bûcher de Louis de Berquin, traducteur d'Érasme et de Luther. • Les Français évacuent l'Italie ; paix des Dames.		⬡ • Lefèvre d'Étaples, *Grammatographia* ; Tory, *Champfleury*.

1530

• Charles Quint couronné empereur à Bologne. • Confession d'Augsbourg : rupture entre catholicisme et protestantisme.	• Institution des « lecteurs royaux ». • *(ca)* Naissance de Claude Le Jeune (→ 1600).	⬡ • *(ca) Chroniques gargantuines.* • Flore, *Contes amoureux* ; *(ca)* Marguerite de Navarre, *Comédie des trois rois, Comédie de la Nativité.*

1531

• Formation de la ligue de Smalkalde, protestante, qui se rapproche de François Ier contre l'empereur.	• Le Rosso à Fontainebleau : le maniérisme pénètre en France.	⬡ • Estienne (R.), *Thesaurus linguae latine* ; Marguerite de Navarre, *Miroir de l'âme pécheresse* ; *Parangon des nouvelles honnêtes et délectables.*

1532

• Henri VIII devient chef de l'Église anglicane.	• Naissance de Roland de Lassus (→ 1594).	⬡ • Marot, *Adolescence Clémentine* ; Rabelais, *Pantagruel.*

1533

• Calvin adhère à la Réforme. • Entrevue de Marseille entre le roi de France et le pape : l'hérésie sera réprimée, en échange de possessions en Amérique.	• Colère de Noël Béda contre le *Miroir de l'âme pécheresse.* • Antoine Gouvéa dirige le collège de Guyenne à Bordeaux.	⬡ • Bourbon, *Nugae* ; Du Saix, *l'Éperon de discipline* ; Marguerite de Navarre, *Dialogue en forme de vision nocturne,* et *Miroir...* (2e éd.).

• Conquête du Pérou par Pizarre.	• Maurice Scève « découvre » le tombeau de Laure à Avignon. • Naissance de Montaigne (→ 1592).	☆ • Holbein, *les Ambassadeurs.*

1534

• Colère de François Ier après l'affaire des Placards (Amboise). Organisation de la répression. • Fondation de la Société de Jésus. • Jacques Cartier au Canada.	• Marot fuit à Ferrare (→ 1536).	⬡ • Rabelais, *Gargantua* ; Télin, *Bref Sommaire des sept vertus.* ○ • Alciat, *Emblemata* ; Marot, *Suite de l'Adolescence Clémentine.* ☆ • Le Parmesan, *la Madone au long col.*

1535

• Les anabaptistes de Münster sont écrasés. • Exécution de Thomas More. • La Réforme est adoptée à Genève.		⬡ • *Bible* en français (Olivétan et Calvin) ; *Blasons anatomiques du corps féminin* ; Budé, *De Transitu* ; Dolet, *De imitatione ciceroniana.* ○ • Léon l'Hébreu, *Dialoghi de amore.* ☆ • Michel-Ange, *Jugement dernier.*

1536

• Occupation par la France de la Savoie et du Piémont ; Genève peut s'ériger en « république ». • Reprise de la guerre contre l'empereur : échec de celui-ci en Provence.	• Mort d'Érasme.	⬡ • Calvin, *Institutio religionis christianae* ; Dolet, *Commentaires de la langue latine* ; Nicolas de Troyes, *le Grand Parangon des Nouvelles nouvelles.*

1537

	• Traduction du *Courtisan* de Castiglione.	⬡ • (ou 1538 ?) Des Périers (?), *Cymbalum mundi* ; Molinet, *les Faits et Dits* ; Salmon Macrin, *Hymnes.*

1538

• Entrevue d'Aigues-Mortes : apparente réconciliation de François Ier et de Charles Quint.		⬡ • D'Abondance, *le Disciple de Pantagruel* ; Corrozet, *les Simulacres et historiées faces de la mort* ; Hélisenne de Crenne, *les Angoisses douloureuses* ; Marot, *Œuvres* ; Postel, *De Originibus linguae hebraicae, De 22 lingarum Characteribus.* ☆ • Titien, *la Vénus d'Urbin.*

1539

• Grève des imprimeurs à Lyon (→1542) ; législation contre les coalitions patronales et ouvrières. • Ordonnance de Villers-Cotterêts : généralisation du français dans les documents administratifs.		⬡ • Corrozet, *Blasons domestiques.*

1540

• Révolte de Gand réprimée par Charles Quint. • Édit de Fontainebleau pour la répression de l'hérésie en France.	• Début de la traduction d'*Amadis* par Herberay des Essarts.	⬡ • Corrozet, *Hécatomgraphie* ; Dolet, *la Manière de bien traduire* ; Hélisenne de Crenne, *Songe* ; Scaliger, *De Causis linguae latinae.*

1541

• Échec de la diète de Ratisbonne (tentative de compromis entre les protestants de Mélanchton et les catholiques).	• Marot fuit à Genève, puis à Turin.	⬡ • Estienne (R.), *Dictionarium proprium nominum* ; La Borderie, *l'Amie de Cour* ; Marot, *Trente Psaumes.*

1542

• Fondation de la Congrégation de la Sainte Inquisition à Rome. • Reprise de la guerre avec l'empereur.	• Enseignement de Vicomercato, disciple de Pomponazzi, au Collège royal. • Groupe scévien à Lyon.	⬡• • Bovelles, *Géométrie pratique*. • Habert, *le Songe de Pantagruel* ; Héroët, *la Parfaite Amie* ; Marot, *l'Enfer*.

1543

• Collaboration franco-turque : la flotte turque est à Toulon.	• Traduction du *Roland furieux,* de l'Arioste, et des *Paradossi* de Landi.	⬡ • Calvin, *Traités des reliques* ; Marot, *Cinquante Psaumes* ; Postel, *De Concordia* ; Ramus, *Dialecticae*. ○ • Copernic, *De Revolutionibus orbium coelestium* ; Münster, *Cosmographia* ; Vésale, *De Humani corporis fabrica*.

1544

• Victoire de Cérisoles, sans lendemain. Paix de Crépy.	• J. Martin traduit le *Traité d'architecture* de Serlio.	⬡ • Calvin, *Contre les libertins spirituels* ; Dolet, *Second Enfer* ; Scève, *Délie*.

1545

• Début du Concile de Trente (→1549, 1551-1552, 1562-1563). • Massacre de trois mille Vaudois en Provence, sur l'ordre du Parlement d'Aix.	• Publication de l'*Art poétique* d'Horace par Jacques Peletier.	⬡ • Cartier, *Brief Récit...* ; Du Guillet, *Rimes.*

1546

• Condamnation des Réformés de Meaux.	• Exécution d'Étienne Dolet. • François Ier confie les travaux du Louvre à Pierre Lescot. • Début de la construction du château d'Anet pour Diane de Poitiers.	⬡ • Rabelais, *Tiers Livre.*

1547

• Mort de François Ier et de Henri VIII.	• Ronsard, du Bellay et Baïf au collège de Coqueret. • Rabelais, à Rome, rédige la *Sciomachie.*	⬡ • Du Faïl, *Propos rustiques* ; Loupvent, *Mystère de saint Étienne* ; Marguerite de Navarre, *Marguerites de la marguerite* ; Scève, *la Saulsaye.*

1548

• Henri II crée la « Chambre ardente », tribunal d'exception pour la répression de l'hérésie.	• (ca) Claude de Taillemont rédige les *Discours des Champs Faez.* • Scève collabore à l'entrée de Henri II	⬡ • Bèze, *Juvenilia* ; Guéroult, *Chansons spirituelles* ; Marguerite de Navarre,

1548

• Révolte contre la gabelle en Guyenne, férocement écrasée par Montmorency. Expédition d'Écosse conseillée par les Guise. • Intérim d'Augsbourg : le catholicisme est religion officielle en Allemagne, mais les protestants obtiennent d'importantes concessions.	à Lyon. • La Boétie compose le *Discours de la servitude volontaire.*	Comédie de Mont-de-Marsan ; Rabelais, *Quart Livre,* 11 premiers chapitres ; Sébillet, *Art poétique.*

1549

• Entrée triomphale de Henri II à Paris.	• Traduction des *Emblèmes* d'Alciat par Barthélémy Aneau.	⬡ • Calvin, *Contre l'astrologie judiciaire* ; Du Bellay, *Défense et Illustration de la langue française*, *l'Olive* (1re éd.), *Vers lyriques, Recueil de poésie* ; Estienne (R.) *Dictionnaire français-latin.* • Pontus de Tyard, *les Erreurs amoureuses.* ☆ • Goujon, Fontaine des Innocents.

1550

• Henri II reprend Boulogne aux Anglais.	• Controverse entre Pierre Ramus et Pierre Galland au sujet d'Aristote.	⬡ • Aneau, *Quintil Horatian* ; Bèze, *Abraham sacrifiant* ; Calvin, *Des scandales* ; Du Bellay, *l'Olive* (2e éd.), *Musagnaeomachie* ; Meigret, *Traité de la grammaire française* ; Ronsard, *Odes* (4 premiers livres) ; Scève, *Blasons.*

1551

	• Ramus lecteur royal.	⬡ • Des Autels, *Réplique à Louis Meigret.*

1552

• Alliance de Henri II et des princes protestants d'Allemagne. Il occupe Toul et Verdun ; héroïsme de François de Guise.	• Naissance de d'Aubigné (→ 1630). • Bartolomé de las Casas : *Très brève relation de la destruction des Indes.*	⬡ • Baïf, *Amours de Méline* ; Du Bellay, *Inventions, Hercule Chrétien, Sonnets de l'honnête amour.* • Estienne (C.), *la Guide des chemins de France* ; Jodelle, *Cléopâtre captive* ; Pontus de Tyard, *Solitaire premier* ; Rabelais, *Quart Livre* ; Ronsard, *les Amours,* le *Cinquième Livre des odes.*

1553

• Exécution de Michel Servet à Genève, pour avoir discuté le dogme trinitaire. • Naissance de Henri de Navarre.	• Traduction du *Prince* de Machiavel. • J. Martin traduit Alberti.	⬡ • Anonyme, *le Style et la manière de bien composer* ; Belon, *Observations de plusieurs singularités* ; Jodelle, *Eugène* ; Muret, *Commentaires sur les « Amours » de Ronsard* ; Ronsard, *Folâtries, Amours.*

1554

		⬡ • Magny, *Gaietés* ; Ronsard, *Bocage, Mélanges* ; Tahureau, *Premières Poésies* ; Thévet, *Cosmographie du Levant* ; Pasquier, *Monophile.*

1555

• Paul IV instaure la torture, l'index et les persécutions contre les Juifs et les protestants ; entente secrète avec Henri II pour chasser les Espagnols de Naples. • Paix d'Augsbourg qui reconnaît les deux confessions en Allemagne.	• Publication du *Traité du sublime,* du pseudo-Longin, par Manuce.	⬡ • Baïf, *Amours de Francine* ; Labé, *Œuvres* ; La Péruse, *Médée* ; Nostradamus, *Prophéties* (1re éd.) ; Pasquier, *Colloques d'Amour* ; Peletier, *Art poétique, Amour des Amours* ; Pontus de Tyard, *Solitaire second, Livre de vers lyriques* ; Ronsard, *Hymnes, Continuation des Amours.*

1556

• Henri II, cédant à la pression des Guise, décide l'expédition de Naples. • Abdication de Charles Quint : Philippe II roi d'Espagne, Ferdinand en Allemagne. • Épuisement financier de la France et de l'Espagne.	• Naissance de Béroalde de Verville (→1626). • Traduction de *La Subtilité* de Cardan.	⬡ • Belleau, *Petites Inventions* ; Corrozet, *Divers Propos mémorables* ; Le Caron, *Dialogues* ; Ronsard, *Nouvelle Continuation, Hymnes* (II).

1557

• Édit de Compiègne : condamnation à mort des hérétiques par des tribunaux laïcs. • Désastre de Saint-Quentin : Montmorency est capturé. • Échec de la colonie de Villegagnon au Brésil. • Crise financière en Europe.		⬡ • Bruès, *Dialogues* ; Pontus de Tyard, *l'Univers* ; Thévet, *Singularités de la France antarctique.*

1558

• Avènement d'Elizabeth d'Angleterre. • Les Impériaux sont à Amiens ; disgrâce des Guise.	• Échec de l'*Orphée* de Jodelle. • Traduction des *Épîtres dorées* de Guevara. • Mort de Clément Janequin.	⬡ • Boaistuau, *le Théâtre du Monde.* • Des Périers, *Nouvelles Récréations* ; Du Bellay, *les Antiquités, les Regrets, Poemata, Divers Jeux rustiques* ; Marguerite de Navarre, *Histoire des*

		Amants fortunés (éd. Boaistuau) ; Pontus de Tyard, *Mantice*. ☆ • Brueghel, « Proverbes ».

1559

• Henri II fait condamner les magistrats ayant protesté contre l'intolérance catholique (supplice d'Anne du Bourg). • Mort accidentelle du roi au cours d'un tournoi ; François II règne quelques mois. • Les Guise s'installent au pouvoir. • Paix du Cateau-Cambrésis : les Français ne gardent que Calais, et les Trois-Évêchés. • Condé et Coligny passent à la Réforme.	• L'Académie de Genève est dirigée par Théodore de Bèze.	⬡ • Boaistuau et Belleforest, *Histoires tragiques* ; Hélisenne de Crenne, *Épîtres familières* ; Marguerite de Navarre, *Heptaméron* (éd. Gruget) ; Guéroult, « Épître du seigneur de Brusquet ».

1560

• Échec de la conjuration d'Amboise ; les huguenots sont durement punis. • Mort de François II, régence de Cathe-		⬡ • Aneau, *Alector* ; Guéroult, *Lyre chrétienne* ; Hotman, *le Tigre* ; Pasquier,

rine de Médicis pendant la minorité de Charles IX.		*Recherches de la France* (I) ; Ronsard, *Œuvres* (coll.), dont les *Poèmes.* ☆ • Tintoret, *Suzanne au bain.*

1561

• Harangue de réconciliation de Michel de l'Hôpital aux États généraux d'Orléans. • Colloque de Poissy : catholiques et protestants tentent en vain une conciliation théologique. • Rébellion sociale en Périgord.	• Mort de Barthélémy Aneau, assassiné à Lyon par le peuple.	⬡ • Badius, *la Comédie du pape malade* ; Bèze (?), *la Mappemonde papistique* ; Grévin, *César* ; Guéroult, *Hymne du temps et de ses parties* ; Scaliger, *Poetices.*

1562

• Janvier : édit de Tolérance instaurant la liberté du culte ; le Parlement de Paris refuse de l'enregistrer. • Mars : massacre de protestants à Wassy ; début de la *première Guerre de Religion.* • Défaite de Coligny à Dreux. • « Pacification » de la Guyenne par Monluc ; atrocités du baron des Adrets (alors protestant) en Dauphiné.	• Sébastien Castellion écrit à Bâle son *Conseil à la France désolée.*	⬡ • Ronsard, *Discours sur les misères de ce temps* ; Scève, *Microcosme.*

1563

• Assassinat de François de Guise par le protestant Poltrot de Méré près d'Orléans ; paix d'Amboise. • Fin du Concile de Trente. • Révolte des Pays-Bas contre les Espagnols.	• Le Privilège royal devient obligatoire.	⬡ • Belleau, *la Reconnue.* • Des Masures, *Tragédies saintes* ; Palissy, *Recette véritable* ; Ronsard, « Réponse aux injures ». ☆ • Brueghel, *la Tour de Babel.*

1564

	• Ronsard compose une *Bergerie* représentée à Fontainebleau.	⬡ • Ronsard, *Premier livre des chansons à 4 parties.*

1565

		⬡ • Estienne (H.), *Traité de la conformité du français avec le grec* ; Rivaudeau, *Aman* ; Ronsard, *Élégies, Mascarades et Bergeries, Abrégé de l'Art poétique français* ; Tahureau, *Dialogues.*

1566

• Furie iconoclaste à Valenciennes et à Anvers. • Publication du *Catéchisme de Trente.*	• Traduction des *Discours fantastiques de Justin Tonnelier* de Gelli.	⬡ • Bodin, *Méthode de l'Histoire* (en lat.) ; Buchanan, *Paraphrases des Psaumes* ; Estienne (H.), *Apologie pour Hérodote* ; Joubert, *Paradoxa.*

1567

• Catherine de Médicis renonce à sa politique de tolérance ; disgrâce de l'Hôpital ; *deuxième Guerre de Religion.* • Bataille de Saint-Denis et mort du connétable de Montmorency.	• Représentation du *Brave* de Baïf à la Cour : succès. • Naissance de Monteverdi (→ 1643).	⬡ • Baïf, *le Premier Livre des météores* ; Ronsard, *Élégies, Églogues.*

1568

• Paix de Longjumeau.	• Mercator, carte du monde avec projection.	

1569

• *Troisième Guerre* : Condé battu à Jarnac, Coligny à Moncontour par Henri d'Anjou, futur Henri III. • Henri de Navarre devient chef des huguenots.	• Traduction du *Livre des créatures* de Raymond Sebond par Montaigne. • Baïf est autorisé à fonder une Académie de musique et de poésie. Claude Le Jeune y participe.	⬡ • Du Tronchet, *Lettres.*

1570

• Paix de Saint-Germain : les huguenots obtiennent des places de sûreté.	• Édition de Lucrèce par Denis Lambin. • Opposition de l'Université à l'Académie de musique.	∫ • Costeley, *Recueil de Chansons à quatre voix.*

1571

• Bataille de Lépante, gagnée contre les Turcs par Don Juan d'Autriche.	• D'Aubigné rédige *le Printemps.* • Montaigne commence les *Essais.*	⬡ • Belleforest, *la Pyrenée* ; La Boétie, *Œuvres* (publiées par Montaigne) ; Lefèvre de La Boderie (G.), l'*Encyclie.* ☆ • Véronèse, *la Bataille de Lépante.*

1572

• *Quatrième Guerre* (→ 1573). • 24 août : massacre de la Saint-Barthélemy, mort de Coligny ; exécutions de protestants dans les provinces catholiques. • Révolte des Gueux aux Pays-Bas ; soulèvement contre l'Empire.	• Rémy Belleau réunit sa *Bergerie.* • Pierre Ramus et le musicien Claude Goudimel sont tués pendant la Saint-Barthélemy.	⬡ • La Taille, *Saül le Furieux, Art de la tragédie* ; Ronsard, *la Franciade* (I-IV) ; Yver, *le Printemps.*

1573

• Organisation de la résistance protestante dans le Midi. • Henri d'Anjou est élu roi de Pologne. • Henri de Navarre est « captif » à la cour de France (→ 1576) ; fausse abjuration.	• Jodelle meurt dans la misère. • Naissance de Mathurin Régnier (→ 1613).	⬡ • Baïf, *Œuvres en rime* ; Desportes, *Premières Œuvres poétiques,* dont les *Amours d'Hippolyte* ; Garnier, *Hippolyte* ; Hotman, *Franco-Gallia.* • Pontus de Tyard, *Vers lyriques.* ○ • Le Tasse, *Aminta.*

1574

• Mort de Charles IX : Henri III revient de Pologne pour lui succéder.	• Baïf compose des vers mesurés.	⬡ • Jodelle, *Poésies* ; La Taille, *Blasons des pierres précieuses* ; *le Réveille-Matin des Français.*

1575

• *Cinquième Guerre* (→ 1576).		⬡ • Belleforest, *Cosmographie universelle* ; Le Roy, *De la vicissitude et variété des choses* ; Paré, *Œuvres* ; Thévet, *Cosmographie universelle.* ○ • Le Tasse, *Jérusalem délivrée.*

1576

• Paix de Beaulieu (dite « de Monsieur ») : chambres mi-parties, liberté de culte pour les protestants. • Formation de la Ligue préparant le renversement de Henri III. • Les Flandres sont « pacifiées ».		⬡ • Baïf, *Mimes* ; Belleau, *les Amours et nouveaux échanges de pierres précieuses* ; Bodin, *la République.*

1577

• *Sixième Guerre* ; paix de Bergerac.	• D'Aubigné commence à composer les *Tragiques.*	⬡ • Du Verdier, *Diverses Leçons.* ☆ • Le Greco, la *Trinité* du Prado.

1578

		⬡ • Du Bartas, la *Semaine* ; Joubert, *Erreurs populaires* ; Lefèvre de la Boderie (G.), *la Galliade* ; Léry, *Histoire d'un voyage fait en la terre de Brésil* ; Muret, *Epistolae familiares.*

1579

• Formation des Provinces-Unies aux Pays-Bas.		⬡ • Estienne (H.), *De la précellence du langage français* ; Foix-Candalle, *Commentaires sur le « Pimandre »* ; Larivey, *les Esprits* ; Verville et Bara, *Blasons.*

1580

• *Septième Guerre* ; siège de La Fère ; paix de Fleix.	• Traduction de *l'Examen des esprits pour les sciences* de Juan Huarte. • Départ de Montaigne pour l'Italie.	⬡ • Belleforest, *Histoires tragiques* (1re éd. coll.) ; Bodin, *Démonomanie des sorciers* ; D'Alcrippe, *Nouvelle Fabrique des excellents traits de vérité* ; La Roche-Chandieu, *Octonaires* ; Montaigne, *Essais* (I et II) ; Muret, *Variae Lectiones.* ☆ • Véronèse, *Vénus et Adonis.*

1581

	• « Ballet comique de la reine ».	

1582

• Réforme du calendrier julien par Grégoire XIII.	• Naissance de François Mainard (→1646). • Traduction de *l'Incertitude et vanité des sciences* (Agrippa).	⬡ • Garnier, *Bradamante* ; Montaigne, *Essais* (2ᵉ éd.).

1583

		⬡ • Garnier, *les Juives* ; Poissenot, *l'Été, Traité paradoxique en dialogue* ; Tabourot, *Bigarrures.*

1584

• Mort du duc d'Alençon : en vertu de la loi salique, la couronne revient par héritage à Henri de Navarre ; agitation politique de la Ligue : traité de Joinville avec Philippe II.		⬡ • Bouchet, *Sérées* ; Du Bartas, *Seconde Semaine* ; Ronsard, *Œuvres* (dernière éd. de son vivant) ; Turnèbe (O.), *les Contents.*

1585

• *Huitième Guerre* (Guerre de la Ligue, →1594) ; Henri III s'allie aux Ligueurs et déchoit Henri de Navarre de ses droits à la couronne.		⬡ • Cholières, *les Matinées* ; Du Faïl, *Contes et Discours d'Eutrapel* ; Tabourot, *Apophtegmes.*

1586

• « Guerre des trois Henri » (→ 1587). • Échec de l'Invincible Armada.		⬡ • Pasquier, *Lettres* ; Poissenot, *Nouvelles Histoires tragiques.*

1587

• Exécution de Marie Stuart. • Bataille de Coutras, gagnée par Henri de Navarre contre Joyeuse.		⬡ • La Noue (F.), *Discours politiques et militaires* ; Malherbe, *les Larmes de saint Pierre* ; Pontus de Tyard, *Discours philosophiques.*

1588

• 12 mai, Journée des barricades : Henri III est chassé de Paris ligueuse ; aux États généraux de Blois, le roi fait assassiner Henri de Guise, dit le « Balafré ». • Insurrection de plusieurs provinces : le duc de Mayenne, frère du « Balafré » prend la tête de la Ligue.	• Montaigne est embastillé quelques heures par les Ligueurs à Paris.	⬡ • La Noue (O.), *Paradoxes* ; Montaigne, *Essais* (I, II, III + additions) ; Sponde, *Stances, Essai de quelques poèmes chrétiens* ; Tabourot, *Escraignes dijonnoises.*

1589

• Siège de Paris par Henri III et Henri de Navarre.	• Naissance de Racan (→ 1670).	⬡ • Matthieu, *Clytemnestre.*

1589

• Assassinat de Henri III par un moine ligueur ; Henri de Navarre prend le titre de Henri IV et le cardinal de Bourbon, candidat des Guise, celui de Charles X.		

1590

• Victoire de Henri IV à Ivry mais échec devant la capitale ; divisions des Ligueurs relativement aux limites de la « souveraineté populaire ».	• Naissance de Théophile de Viau (→ 1626).	⬡ • Du Troncy, *Formulaire fort récréatif.*

1591

		⬡ • Charron, *Sagesse* ; De Bry, *Historia Americae* ; L'Estoile, *Journal.*

1592

• Révolte des Croquants, paysans du Périgord (→ 1594).		⬡ • Monluc, *Commentaires.*

1593

• Les États généraux de la Ligue repoussent l'infante Isabelle comme héritière du trône ; Mayenne maintient la loi salique ; abjuration de Henri IV : la Ligue se disloque.	• D'Aubigné rédige la *Confession du Sieur de Sancy*. • Bodin compose le *Colloquium Heptaplomeres*.	⬡ • Charron, *les Trois Vérités* ; Verville, *Floride* (→1596).

1594

• Paris, puis Lyon, se rendent à Henri IV.	• Naissance de Saint-Amant (→1661).	⬡ • Chassignet, *le Mépris de la vie et consolation contre la mort* ; La Cepède, *Psaumes de la Pénitence* ; *Satyre Ménippée*.

1595

• Guerre avec l'Espagne.		⬡ • Montaigne, *Essais* (avec nouvelles additions) ; Montchrestien, *la Reine d'Écosse*.

1596

• Accord entre Mayenne et Henri IV.	• Premières œuvres théâtrales de Shakespeare. • Naissance de Descartes (→1650).	⬡ • Bodin, *Universae Naturae Theatrum*.

1597

		⬡ • Du Vair, *De la constance* ; Papillon de Lasphrise, *l'Amour passionnée de Noémie.*

1598

• Mort de Philippe II. • Soumission des dernières provinces ligueuses. • Traité de Vervins avec le pape ; fin de la guerre avec l'Espagne. • 13 avril : *édit de Nantes* : la liberté de culte et des places de sûreté sont rendues aux protestants.	• Traduction de l'*Histoire prodigieuse du Docteur Faust* par Pierre-Victor Palma-Cayet.	

1599

		⬡ • Anonyme, *l'Antidote ou Contrepoison.*

1600

• Exécution de Giordano Bruno.		

1601

• Traité de Lyon : le duc de Savoie donne la Bresse, le Bugey, le pays de Gex.	• Naissance de Tristan l'Hermite (→ 1655).	

1602

• L'« Escalade » de Genève : assaut manqué par la Savoie, alliée à Biron ; exécution de Biron, ancien favori de Henri IV. • Dévaluation de fait et redressement économique.	• Campanella compose la *Cité du soleil.*	⬡ • Loisel, *Dialogue des avocats* ; Pasquier, *Lettrines.*

1603

• Mort d'Elizabeth d'Angleterre.		

1604

• Instauration de la *Paulette* : hérédité et vénalité des offices moyennant un droit annuel.	• Catherine de Vivonne fait construire l'hôtel de Rambouillet.	⬡ • Montchrestien, *Hector* ; Sponde, *Amours.*

1605

	• Malherbe est admis à la Cour comme poète officiel.	○ • Cervantès, *Don Quichotte.* ⬡ • Malherbe, *Stances.*

1606

• Henri IV reprend une politique hostile aux Habsbourg ; alliance avec les révoltés des Provinces-Unies.	• Naissance de Corneille (→ 1684).	⬡ • Nicot, *Trésor de la langue française.*

1607

	• Succès de l'*Orfeo* de Monteverdi à Florence.	⬡ • D'Urfé, *l'Astrée* (I-III).

1608

• Réforme de Port-Royal.		⬡ • Régnier, *Satires.*

1609

	• Brantôme organise ses *Mémoires.*	⬡ • Camus, *Diverses Leçons.* ○ • Kepler, *Astronomia nova.*

1610

• Assassinat de Henri IV par Ravaillac, peut-être encouragé par l'Espagne.		⬡ • *(ca)* Hardy, *la Mort d'Achille* ; *(ca)* Verville, *le Moyen de parvenir.*

Index

Cet index regroupe les écrivains et auteurs, à l'exception des critiques contemporains et des références de la *Chronologie*. Les autres noms (artistes, savants, hommes politiques, etc.) n'y figurent que dans la mesure où ils ont produit des textes.

Imprimerie Jean-Lamour, 54320 Maxéville
Dépôt légal : mai 1994 — Dépôt légal 1re édition : juin 1988
Imprimé en France.